【大师开讲】

莎士比亚：你我皆主角

薛玉楠 编著

全国百佳图书出版单位
时代出版传媒股份有限公司
黄山书社

图书在版编目（CIP）数据

大师开讲·莎士比亚：你我皆主角 / 薛玉楠编著．-- 合肥：黄山书社，2014.5

ISBN 978-7-5461-4447-4

Ⅰ．①大… Ⅱ．①薛… Ⅲ．①莎士比亚，W.（1564 ~ 1616）-语录 Ⅳ．①K811

中国版本图书馆 CIP 数据核字（2014）第 076940 号

DASHI KAIJIANG · SHASHIBIYA NI WO JIE ZHUJUE

大师开讲·莎士比亚：你我皆主角　　薛玉楠　编著

出 品 人　任耕耘
选题策划　任耕耘　杨　雯
责任编辑　秦矿玲
特约编辑　李晓阳　赵迪秋
装帧设计　齐　娜
出版发行　时代出版传媒股份有限公司（http：//www.press-mart.com）
　　　　　黄山书社（http：//www.hspress.cn）
地址邮编　安徽省合肥市蜀山区翡翠路 1118 号出版传媒广场 7 层 230071
印　　刷　安徽国文彩印有限公司
版　　次　2015 年 6 月第 1 版
印　　次　2015 年 6 月第 1 次印刷
开　　本　880mm × 1230mm　1/32
字　　数　130 千
印　　张　8.25
书　　号　ISBN 978-7-5461-4447-4
定　　价　28.00 元

服务热线　0551-63533706
销售热线　0551-63533761
官方直营书店（http：//hsssbook.taobao.com）

目录

王谢堂前燕，寻常百姓家（代序）

威廉·莎士比亚（William Shakespeare，1564—1616）是英国最伟大的诗人和戏剧家。莎士比亚的戏剧取材广泛，历史跨度大，深刻反映了文艺复兴时期英国乃至全欧洲的时代精神风貌。在他的作品中，王侯将相、巨贾富商，贩夫走卒、倡优小丑，都登上了人生的戏剧舞台。在这个舞台上，他们不分彼此，演绎着各自的人生。

莎士比亚是戏剧的天才，他对待戏剧，像对待人生一样真诚。莎士比亚认为，“每一个人必须在这个舞台上扮演一个角色”（《威尼斯商人》），“最好的戏剧也不过是人生的一个缩影”（《仲夏夜之梦》）。戏剧和生活，演员和观众，融为一体，不可分割。出身低微的人，比如《终成眷属》中的海丽娜，她寄住在伯爵家中，身份近乎奴仆，却以一颗勇敢的心追求着伯爵的儿子；出身中产阶级的人，比如《威尼斯商人》中的夏洛克，他和安东尼奥的争执，不仅出于他商人的身份，更因为他是一个为自身权利向社会抗议和呐喊的犹太人；出身高贵的王侯，比如《爱德华三世》中的爱德华三世，他在战场上看到自己的儿子被围困的时候，并不去拯救。仆人、儿子、情人、商人、犹太人、父亲、国王……我们每一个人都在国家、民族、家族、家庭中扮演着各自的角色，上演着不同的悲欢离合。戏剧就是生活，生活就是戏剧。

莎士比亚对待他笔下的人物一视同仁，他并不偏爱那些王侯贵胄，而是将他们和平凡人看成同等的生命。他认为“自有戏剧以来，它的目的始终是反映人生，显示善与恶的本来面目，给它的时代看一看它自己的演变发展的模型”（《哈姆雷特》）。善与恶的攻伐，既呈现在王侯贵族的心中，也呈现在平凡百姓的心中。戏剧是人心的角斗场，他们在这个舞台上展示着共通的人性。我们可以看到，国王和牧羊人并无二致。莎士比亚写道：“国王也不过是一个人，就像我一样。紫罗兰，他闻起来跟我闻起来，香味都一样；天空，他看起来跟我看起来，也一模一样；他的各种感觉所具有的特点，也都跟平常人一样。把他那些威严的袍服丢在一边，赤裸着身子，他看来也不过是个凡人。虽说他的情感像鹰一样，能比我们飞到更高的境界，但是当它们要扑向什么东西时，仍然要像我们一样降落下来。”（《亨利五世》）国王和凡人，都无法把握自己的命运。他们有着共同的喜怒哀乐，以及对生死共同的喟叹。

唐代诗人刘禹锡在《乌衣巷》中的诗句“旧时王谢堂前燕，飞入寻常百姓家”，写尽了繁华与衰落的交织、人生荣枯与事物兴废的更替。在莎士比亚的戏剧舞台上，既有“王谢堂前燕”，亦有“寻常百姓家”。他们演绎着功名与富贵、贫穷与抗争、爱情与嫉妒、善良与邪恶的争斗。莎士比亚用戏剧的艺术形式表达着他对人生和社会、爱情和友谊等的种种看法，对今天的我们仍不无裨益。《圣经·旧约·箴言》云：“智慧在街市上呼喊，在宽阔处发声……我呼唤，你们不肯听从，我伸手，无人理会。”希望我们能用虔敬的心，聆听智慧的声音。

第一章

爱情与婚姻

爱情与婚姻，是莎士比亚剧作的主题之一。在《终成眷属》《安东尼与克莉奥佩特拉》《罗密欧与朱丽叶》等剧中，莎士比亚对爱情与婚姻都发表了独到的见解。他推崇纯粹的婚姻，认为婚姻是建立在情感基础而非情欲基础之上的；他歌颂爱情的伟大，当我们读到罗密欧和朱丽叶殉情的章节时，不禁扼腕长叹，流下同情的眼泪。在莎士比亚的心目中，爱情与婚姻是神圣而伟大的，恋爱中的人同样是温情而可爱的。恋爱就像阴晴不定的四月天，婚姻就像一场苏格兰急舞、慢步舞和五步舞交替上演的舞步，动人心魄，引人遐思。

安顿心灵的爱情

找个纯洁的胸膛给纯洁的心灵栖身。（《露克丽丝遭强暴记》）

诗人徐志摩说过：“我之甘冒世之不韪，乃求良心之安顿，人格之独立。在茫茫人海中，访我唯一灵魂之伴侣，得之我幸，不得我命，如此而已！”（徐志摩《徐志摩离婚通告》）爱情，良心之安顿，甚于身体之安顿。

爱情是纯粹的

爱情要是掺杂了和它本身不相关涉的考虑，那就不是真的爱情。（《李尔王》）

真正的爱情无关容貌、地位、财富、权力，只是两颗心的彼此碰撞、互相吸引。我爱你，仅此而已。

真正相爱的人无法分开

啊，我的爱人，请不要离开我！你把一滴水洒在海洋里，就没法把它重新收回，因为它已经和其余的水混合在一起，分别不出来。我们两人也是这样，你怎么能硬把你我分开，而不把我的一部分也带了去呢？（《错误的喜剧》）

真正相爱的人是无法分开的，因为，他们已经成为了彼此的一部分，血液相融，灵魂相通。一个人不能轻易撕裂自己的血肉，就像他不能轻易割舍自己的恋人一样。爱到血肉中，才是真爱。

把爱人印在心中

要是你有一天产生了恋情，在那种甜蜜的痛苦中请记着我，因为真心的恋人都像我一样，在其他一切情感上都轻浮易变，但他所爱的人儿的影像，永远铭刻在他心头。（《第十二夜》）

莎士比亚反对恋人指着月亮发誓，因为月有阴晴圆缺，极易变化。其实，对于真正喜欢月亮的人来说，不管月亮是亏是盈，在他的心目中，月亮都是圆满的。真正的恋人，在我们的心中，引起的感情也是如此。

爱情要一心一意

恺撒的爱情只属于恺撒的王后。（《爱德华三世》）

真正的爱情需要一心一意，它的领域非常狭小，仅容得下两个人生存。如果同时爱上几个人，那便不能称作爱情，它只是感情上的游戏。你只有一双手、一个胸膛，你不能同时将两个爱人拥入怀中。

爱情无法兼得

爱情是个多么幼稚的顽童！两个玩具同样好玩，他无法选择，便哭喊着两个都要。（《两个高贵的亲戚》）

《红楼梦》云："任凭弱水三千，我只取一瓢饮。"爱情的可贵之处在于专一。爱情的窄门只容一人通过，因此，不要在门前左顾右盼，而应该等待你内心深处笃情的那个人。他（她）可能不是最好的，但一定是值得爱的；既然是值得爱的，便要用一生去爱。

爱情不要第三者

有了第二个男人插足，爱情就该抽身而退。（《辛白林》）

现实不是第三者，不爱才是第三者。爱情中之所以出现第三者，往往是我们给了他们做第三者的可能性。这样的爱情，不是专属的爱情，也不是纯粹的爱。从一场不是爱情的爱情中抽身而退，是明智之举。

对等的爱人

我的爱情的野心使我备受痛苦，希望和狮子匹配的驯鹿，必须为爱而死。（《终成眷属》）

爱情的法则是成为一个优秀的人，然后，牵手另一个优秀的人。在爱情的路途上，不要奢望一个高大的人会俯就一个矮小的人，这样的事情，只可一时，不可一世，因为，俯就而行不是生活的常态。

不要压制爱情

露瑟塔：我并不是要压住您的爱情的烈焰，可是这把火不能够让它燃烧得过于炽盛，那是会把理智的藩篱完全烧去的。

裘丽亚：你越是把它遏制，它越是燃烧得厉害。汩汩的轻流如果遭遇障碍就会激成怒湍；可是它的行程如果顺流无阻，就会在光润的石子上弹奏柔和的音乐，轻轻地亲吻每一根在它巡礼途中赶上的芦苇，用这样游戏的心情，经过许多曲折的回弯，而达到狂野的海洋。所以让我去，不要阻止我吧！我会像轻柔的溪流一样耐心，把倦怠的每一步作为游戏，直到最后一步使我到了爱人的门前，然后我就可以得到休息，就像一个有福的灵魂，在经历许多折磨以后，永息在幸福的天国里一样。

（《维洛那二绅士》）

鲧、禹治水，有“塞”“通”之别，爱情亦如是。被压制的爱情总会冲破堤岸，只有自由的爱情才能一路走来，欢声笑语，温情相伴。

爱人与被人爱

而我，多幸福，既被人爱又能爱人。（《莎士比亚十四行诗》第 25 首）

德国诗人、古典浪漫派诗歌的先驱荷尔德林在《故乡》一诗中写道：“我是大地的儿子，我拥有爱，同时也拥有苦痛。”尽管人生有苦痛，但是能够拥有爱，无论爱人，抑或被爱，人生便是幸福的。

恋爱的甜蜜

恋爱的人去赴他情人的约会，像一个放学归来的儿童；可是当他和情人分别的时候，却像上学去一般满脸懊恼。（《罗密欧与朱丽叶》）

相聚时的温馨，离别时的怨恨，这些都是爱情的甜蜜。

恋爱是阴晴不定的四月天

唉！青春的恋爱就像阴晴不定的四月天气，太阳的光彩刚刚照耀大地，片刻间就遮上了黑沉沉的乌云一片。（《维洛那二绅士》）

恋爱，是四月的天气，恰若婴儿的喜怒，晨时晴，暮时雨；又像天上捉摸不定的云，一会儿向东，一会儿向西。没有一道爱情的溪流不是蜿蜒曲折的，也没有一叶爱情的扁舟是一帆风顺的。所以，爱上一个人，就和他（她）谈一场“人间四月天”般的恋爱。

爱情的舞步

求婚、结婚和后悔，就像是苏格兰急舞、慢步舞和五步舞一样：开始求婚时，正像苏格兰急舞一样狂热，迅速而充满了幻想；到了结婚的时候，循规蹈矩得正像慢步舞一样，拘泥着仪式和虚文；于是接着来了后悔，拖着疲乏的腿脚，开始跳起五步舞，愈来愈快，一直跳到筋疲力尽，倒在坟墓里为止。（《无事生非》）

在爱情的舞台上，每个人都是舞者。虽然，爱情最终会走向坟墓，但是一路旋转一路行走，也是生命体验的一种方式。我们不能因为惧怕痛苦就拒绝走进生活，所以，我们不能拒绝爱情。

恋爱使人丰富

吵吵闹闹的相爱，亲亲热热的怨恨！啊，无中生有的一切！啊，沉重的轻浮，严肃的狂妄，整齐的混乱，铅铸的羽毛，光明的烟雾，寒冷的火焰，憔悴的健康，永远觉醒的睡眠，否定的存在！我感觉到的爱情正是这么一种东西。（《罗密欧与朱丽叶》）

没有恋爱过的人不曾长大，因为，他（她）无从体验爱情中的冰与火、感动与无助、悲伤与眼泪。爱情是成长的熔炉，坚强或懦弱，伟大或平凡，历练之后，才会有更深刻的体会。

恋爱中的巨人

特洛伊罗斯：啊！让我的爱人不要怀着丝毫恐惧，在爱神导演的戏剧里是没有恶魔的。

克瑞西达：也没有可怕的巨人吗？

特洛伊罗斯：没有，只有我们自己才是可怕的巨人，因为我们会发誓流泪成海，入火吞山，驯伏猛虎，凡是我们的爱人想得到的事，我们都可以做到。姑娘，这就是恋爱的可怕的地方：意志是无限的，实行起来就有许多不可能；欲望是无穷的，行为却必须受制于种种束缚。

克瑞西达：人家说恋人们发誓要做的事情，总是超过他们的能力，可是他们保留着一种永不实行的能力。他们发誓做十件以上的事，实际做到的还不满一件事的十分之一。这种声音像狮子、行动像兔子一样的家伙，可不是怪物吗？（《特洛伊罗斯与克瑞西达》）

疯狂恋爱中的人们，他们所说的事总是超出他们本身的能力。可是，谁要以恋人在恋爱中的话语来要求恋人，那就注定是一场悲剧了。恋人虽然夸大其词，但他们为了自己的恋人愿意成为巨人的心情是真诚的。

恋爱中的孩子

在恋爱中的人，爱看人家相恋的情形。（《皆大欢喜》）

恋爱是充满了各种失态的怪癖的，它会使我们表现出荒谬的举止，像孩子一般无赖、淘气而自大。它是产生在眼睛里的，因此它像眼睛一般，充满无数迷离惝恍、变幻多端的形象，正像眼珠的转动，反映着它所观照的事事物物一样。（《爱的徒劳》）

假如你不记得你为了爱情而做出来的一件最琐细的傻事，你就不算真的恋爱过。假如你不曾像我现在这样坐着絮絮讲你的姑娘的好处，使听的人不耐烦，你就不算真的恋爱过。假如你不会突然撇下你的同伴，撒手像我的热情现在驱使着我的一样，你也不算真的恋爱过。（《皆大欢喜》）

在马路一侧的树荫下、在校园的小路上，我们常看到在大地上哭泣的孩子，在雨季中奔跑的 18 岁少年。

恋爱中的人就像生病的孩子,会做出种种奇怪的举动,美丽而真诚。这样的事，发生在你身上，也发生在我身上，如果我们真正地爱过一个人的话。

爱情需要迂回

等她来了，我要提起精神来向她求婚：要是她开口骂人，我就对她说她唱歌像夜莺一样婉转；要是她皱眉头，我就说她看上去像浴着朝露的玫瑰一样清丽；要是她默不作声，我就恭维她的能言善辩；要是她叫我滚蛋，我就向她道谢，好像她留我待一个星期；要是她不愿意嫁给我，我就向她请问吉期。（《驯悍记》）

爱情需要迂回。“曲径通幽处，禅房花木深”（常建《题破山寺后禅院》），也许，一次善意的曲解，一次故意的顺从，就能抵达对方内心柔软的深处，撷取爱情甜蜜的果实。爱，也需要温婉的“九曲十八弯”。

爱情需要冷静

我想这是一个太短促的时间，缔结这一注天长地久的买卖……要是您为了我的爱，愿意干无论什么事情……您就替我做这一件事：我不愿相信您所发的誓，您必须赶快找一处荒凉僻野的隐居的所在，远离一切人世的享乐，在那边安心住下，直到天上的列星终结了它们一岁的行程。要是这种严肃而孤寂的生活，改变不了您在一时热情冲动中所作的提议；要是霜雪和饥饿、粗劣的居室和菲薄的衣服，摧残不了您的爱情的绚艳的花朵，它经过了这一番磨炼，并没有憔悴而枯萎。那么在一年终了的时候，您可以来见我，凭着您已经实践以上条件，来向我提出要求。（《爱的徒劳》）

关于走入婚姻的殿堂这件事，我们常常用一小时去做决定，然后再用一辈子去推翻这个决定。虽说，跑得最快的人最先得到戒指，但是，不是自己真正想要的东西请不要伸手。因为，一旦得到，你就没有把它轻轻放回原地的权力了。

爱情需要比较

你看见她的时候，因为没有别人在旁边，你的两只眼睛里只有她一个人，所以你以为她是美丽的；可是在你那水晶的天秤里，要是把你的恋人跟另外一个我可以在这宴会里指点给你看的美貌的姑娘同时较量起来，那么她现在虽然仪态万方，那时候就要自惭形秽了。你也到那儿去吧，用不带成见的眼光，把她的容貌给别人比较比较，你就可以知道你的天鹅不过是一只乌鸦罢了。（《罗密欧与朱丽叶》）

你除了他和卡列班之外不曾见过别人，你就以为世上没有和他一样的人。傻丫头！和大部分人比起来，他不过是个卡列班，而和他比起来，他们都是天使哩！（《暴风雨》）

柏拉图关于爱情有一个很有趣的比喻，他觉得选择爱人就像选择麦田中最大、最金黄的麦穗一样。但是，如果你的爱情花园中只有一朵花，你又怎么知道别的花是否会更加娇艳呢？爱情，需要选择和比较，需要在更大的平台上挑选适合自己的爱人。心有多大，爱情的舞台就有多大。

情人眼里出西施

每一个活蹦乱跳的庄稼汉都把它晒黑了的情人的话语比作音乐。（《爱德华三世》）

我也是只知道爱慕他的才智。一切卑劣的弱点，在恋爱中都成为无足轻重，而变成美满和庄严。爱情是不用眼睛而用心灵看的，因此生着翅膀的丘比特常被描写成盲目。而且爱情的判断全然没有理性，只用翅膀不用眼睛，表现出鲁莽的急性，因此爱神便据说是一个孩儿，因为在选择方面他常会弄错。正如顽皮的孩子惯爱发假誓一样，司爱情的小儿也到处赌着口不应心的咒。（《仲夏夜之梦》）

在爱者的眼中、心中，被爱者是完美无瑕的，尽管被爱者本身并不完美。用爱情的眼光打量一个人时，你会看不到她脸上的斑点，而只看到她脸上的红颜。

每个爱人都有她的优点

我的眼睛曾经关注地盼睐过许多女郎，许多次她们那柔婉的声调使我的过于敏感的听觉对之倾倒：为了各种不同的美点，我曾经喜欢过各个不同的女子，但是从不曾全心全意地爱上一个，总有一些缺点损害了她那崇高的优美。（《暴风雨》）

如果爱人是星月，那么，当它撒下静谧的清辉之时，是否悄悄掩去了白昼的光芒？如果爱人是太阳，即使它能温暖每一寸土地，是否仍有不曾被照耀到的地方？世界上没有完美的爱人，也没有完美的我们。当我们碰到我们的爱人，恰恰好，我们爱上她的微笑，或者她柔和的脸庞，或者她的开朗，或者她的沉默。不爱那么多，只爱一点点，这“一点点”，同样值得我们用一生去爱。

金钱不是嫁奁

葛雷米奥：我说，给她找个魔鬼。霍登旭，虽然她的父亲很有钱，你以为有那样一个傻子，会傻到娶个恶魔供在家里吗？

霍登旭：唉，葛雷米奥！虽然你我受不了她那种打骂吵闹，可是世上尽有胃口好的人，看在钱的面子上，会把她连她的所有缺点一起迎了去的。

葛雷米奥：那我可不知道。可是我要是贪图她的嫁奁，我宁愿每天给人绑在柱子上抽一顿鞭子，作为娶她的交换条件。

霍登旭：她的脾气非常之坏，撒起泼来，谁也吃不消。即使我是个穷光蛋，她愿意倒贴一座金矿，我也不愿娶她。（《驯悍记》）

女人，最好的嫁奁是自己本身，健康的身体、平和的性格，以及对情人的爱。外在的嫁奁换取的是外在的情感。因金钱取得的，也会因金钱而失去；建立在金钱基础上的婚姻，也会因金钱而崩溃。

心灵美才是真的美

漂亮的腿会消瘦，直挺挺的脊背会弯曲，黑胡子会变白，带鬈发的脑袋会变成秃顶，美丽的面孔会干枯，大而明亮的眼睛会凹陷下去，但是一颗真挚的心，凯蒂，却是太阳和月亮，或者不如说是太阳，而不是月亮，因为太阳的光辉永远照耀，它忠实地遵循自己的轨道，永不改变。如果你想要这样一个人，就接受我吧。（《亨利五世》）

他们只知道凭着外表取人，信赖着一双愚妄的眼睛，不知道窥察到内心，就像暴风雨中的燕子，把巢筑在屋外的墙壁上，自以为可保万全，不想到灾祸就会接踵而至。（《威尼斯商人》）

唯具有心灵美者才真正值得
永远铭记。即使死去，其价值
仍然可以长存于人们的记忆，
呼吸虽停止，光辉不泯灭。（《挽歌》）

如果你因容颜而爱我，那么，当岁月褪尽红颜，你的爱还能依附何处？所以，请爱我朝圣者般的灵魂。当岁月刻满皱纹，它依然清明澄净。

爱情中的恭维

有许多求婚的人，在开始求婚的时候，虽然明知道他的恋人没有什么可爱，仍旧会把她恭维得天花乱坠，发誓说他真心爱着她。（《无事生非》）

情人们都富于诗意，他们在诗里发的誓，可以说都是情人们的假话。（《皆大欢喜》）

叫她得意的是你的恭维，不是她的镜子。都是因为你的恭维话，她才飘飘然以为自己本来就五官端正。（《皆大欢喜》）

请接受一个朴实无华但情感坚定、毫不掺假的人吧，因为他没有在别的地方去向人求爱的本事，他一定会真心对待你的。至于那些口舌伶俐的家伙，他们是既能凭着花言巧语讨女人的欢心，又能凭着巧语花言把女人的痴情摆脱一边的。（《亨利五世》）

爱情需要温婉的语言，也需要沉默的关怀，只要是真诚的，就是美的。美的东西可以表现为不同的形式，恭维是爱，沉默也是爱。重要的，要有一颗善感的心，感受对方的真与诚、虚与幻，不被表象迷惑，要听心的声音。

真心的誓言一个就足够了

许多的誓言不一定可以表示真诚，真心的誓言只要一个就够了。我们的所作所为，倘能质之天日而无愧，那么不必指天誓日，也就是正大光明的。（《终成眷属》）

一个人对一句话重复得次数越多，在他的心目中，就越不相信自己能将这句话付诸实践。所以，我爱你，一生一次足矣；其余的，都是对这一次久久的重温！

天堂与誓言

为获得一个天堂，放弃一个誓言。（《激情漂泊者》）

恋爱中的人可以为恋人戴上一个指环，但不要戴上一个誓言，因为恋爱中的人要努力去帮助恋人实现自我。誓言不应约束彼此，约束彼此的是天堂。恋爱中的人应该为恋人营造一个天堂，天堂才是爱的表现。

用行动来证明自己的爱

虚伪的谎怎么可以换到真实的爱呢！（《爱的徒劳》）

我们男人也许更多话，更会发誓，可是真的，我们的表现总多于我们的实际决心。因为我们总是山盟海誓何其多，真情实爱何其少。（《第十二夜》）

口头的推测不过是一些悬空的希望，实际的行动才能够产生决定的结果。（《麦克白》）

你自愿提出了送我一个礼物，我倒正想向你要呢。啊！人世呀，你是一个培育投机献媚的出色的保姆。你为什么要让黄金的言辞从人们舌尖流泻，却用沉重的铅块压住他们的行动，不让美好的行动跟随着诺言？啊！人们怎么能牢守心灵的秘籍，却让放纵的舌头因倾吐言不由衷的谎言而窒息！（《爱德华三世》）

真爱情是不能用言语表达的，行为才是忠心的最好的说

明。（《维洛那二绅士》）

莎士比亚说“女人的思想总是比行动跑得还快”（《皆大欢喜》），其实，爱情中的男人又何尝不是呢？他们往往给爱人的只是对未来的允诺，至于这种允诺是否能够实现则是另一回事了。所以，做到比说到更重要。

沉默的爱

哦，请用眼听爱的智慧发出的清响，
请学会去解读沉默之爱写下的诗章。（《莎士比亚十四行诗》第 23 首）

有人用语言成就爱情，有人用沉默成就爱情。语言是一记响亮的承诺，能否做到，我们要看紧随其后的行动。然而，有多少沉默的爱在无声中默默成长。无声的关怀、无声的问询、无声的帮助，一切都在无声中将心灵完全交付。这样的爱，值得聆听。

爱的屈从

然而爱是明白的：忍受爱的屈从俯就
要比忍受恨的公开伤害更令人忧愁。（《莎士比亚十四行诗》第 40 首）

在我们深爱的人面前，我们无法保持直立的自我。我们必须把自己夸赞成英雄，或者把自己降低到尘埃。比如，男人面对心爱的恋人，努力为她虚幻一个未来的辉煌的梦；父亲面对撒娇的女儿，承诺答应她所有看似可笑的无理请求。我们俯身去接近我们的所爱，忍受她们的小贪心和无理取闹。被爱者啊，请不要凭借爱者所给予的爱去折磨爱者。

珍惜对方给予的爱情

珍惜对方给予的爱情。

别以为我这样向你求情，

你就可以无须再献殷勤；

须知求得的爱虽费心力，

不劳而获的更应该珍惜。（《第十二夜》）

我们常常为得不到的而哭泣，却对轻易得到的弃如敝履。相比之下，那些对方给予的，我们更应该珍惜，因为，在得到的路上，对方没有设置我们无法跨越的障碍。生活是要跨越一个个障碍的，但是，没有障碍的人生，也是坦途。

不要伤害女人

我对自夸情场得意的人态度生硬，气冲冲地责问他们是否也有母亲——我是有母亲的，她是个女人，而他们污辱的正是女人。（《两个高贵的亲戚》）

奥地利小说家卡夫卡对情场得意的人同样是深恶痛绝的，在《致密伦娜》这封情书中，他写道，某些男人可以用花言巧语得到一个女人，同样也可以用花言巧语抛弃一个女人。这是不道德的行为，因为，侮辱女性就是侮辱我们自身。

妻子犯错，丈夫有责

照我想来，妻子的堕落总是丈夫的过失。要是他们疏忽了自己的责任，把我们所珍爱的东西浪掷在外人的怀里，或是无缘无故吃起醋来，约束我们行动的自由，或是殴打我们，削减我们的花粉钱，我们也是有脾气的，虽然生就温柔的天性，到了一个时候也是会复仇的。让做丈夫的人们知道，他们的妻子也和他们有同样的感觉：她们的眼睛也能辨别美恶，她们的鼻子也能辨别香臭，她们的舌头也能辨别甜酸，正像她们的丈夫们一样。他们厌弃了我们，别寻新欢，是为了什么缘故呢？是逢场作戏吗？我想是的。是因为爱情的驱使吗？我想也是的。还是因为喜新厌旧的人之常情呢？那也是一个理由。那么难道我们就不会对别人发生爱情，难道我们就没有逢场作戏的欲望，难道我们就不会喜新厌旧，跟男人们一样吗？所以让他们好好地对待我们吧，否则我们要让他们知道，我们所干的坏事都是出于他们的指教。（《奥赛罗》）

男人的心如顽石，妇女的心如蜂蜡，
蜂蜡的形象常常被顽石的意志决定，
软弱者受到了压力，形状便起了变化，
暴力、欺诈和奸计实在是改变的原因，
不能说是妇女们自己犯下了罪行。
纵然是蜂蜡上印就个魔鬼的形象，
也不能就把蜂蜡算作是祸祟灾殃。（《露克丽丝遭强暴记》）

女人的错误，常常是由男人造成的。不要疏忽身边的爱人，因为，她们和男人一样有犯错的权利。

强迫的婚姻

强迫的婚姻只会产生不和，以及无休止的争斗，它不是地狱又是什么呢？美满的姻缘却是福气，天作之合。（《亨利六世》上篇）

婚姻是心的给予，容不得半点的委曲求全。为外在所强迫的婚姻，无法深入彼此情感的深处。在爱情外围逡巡的人，无法体会爱情的真谛：天作之合。

迟来的爱情

可是来得太迟了的爱情，就像已经执行死刑以后方才送到的赦状，不论如何后悔，都没有法子再挽回了。我们的粗心的错误，往往不知看重我们自己所有的可贵的事物，直至它丧失了它们以后，方始认识它们的真价。（《终成眷属》）

《庄子》中有一个“涸辙之鲋”的典故：“吾得斗升之水然活耳。君乃言此，曾不如早索我于枯鱼之肆！”爱情应该在正确的时间遇到正确的人，早与晚都不对。迟来的爱与迟到的忏悔，皆于事无补。所以，不要在爱人转身之后才说“我爱你”。有些人，转身了，便不会再回头。

爱情与情欲

爱情令人安慰，如风雨后的丽日，
情欲的作用却如晴天里的风暴；
爱情的款款流泉永远鲜活清冽，
情欲的夏季才一半，严冬便来到。
爱情不会腻烦，情欲死于过饱。
爱情一片真心，情欲满是捏造。（《维纳斯与阿多尼斯》）

爱一个人要爱她的灵魂。“爱情”与“情欲”，共同的是“情”，不同的是“爱”与“欲”。爱会充盈，欲会消散。

幸运与爱情

幸运是爱情的维系，爱情鲜艳的容色和热烈的心也会因困苦而起变化。（《冬天的故事》）

唐元稹《遣悲怀三首》云：“贫贱夫妻百事哀。”但并不是每一段在困顿中的爱情都是以悲剧结尾的。困厄可以考验爱情，因困厄而改变的爱情，不是真正的爱情。在困顿中坚守，才能见到黑夜之后的黎明。

不要支配爱人

我们可以在名义上把这些可爱的人儿称为我们所有，却不能支配她们的爱憎喜恶。（《奥赛罗》）

在恋爱中失去自我的人是爱情的奴隶。爱人与我们永远是两个自我，因此，我们不要尝试着支配他们，奴役他们。戴上镣铐跳舞，舞不出曼妙的舞姿。

不要接受自己不爱的人

为什么你爱本不愿接受的事物？（《莎士比亚十四行诗》第 8 首）

亲爱的朋友，当你设想和一个人共度一生的时候，心中若有些许遗憾的话，那不是真的爱情，只不过是委曲求全，是对现实生活的妥协，是对自己不负责任的交代。同样，当你设想和一个人分开，心中若感到后悔的时候，亲爱的朋友，你要停下来仔细思考了。也许，这才是你想要的。希腊哲人柏拉图认为，爱情，就是终其一生去寻找自己的另一半灵魂，寻找另一个自己。在现实生活中，我们常常"爱本不愿接受的事物"，我们拥着他人，却向另一个自己说再见。

第二章

幸福的家庭

俄国作家列夫·托尔斯泰在《安娜·卡列尼娜》中写道："幸福的家庭总是相似的，而不幸的家庭各有各的不幸。"一个幸福的家庭，上敬长者，下爱幼儿，父母和睦，子女绕膝。这样的幸福，对于莎士比亚以及莎剧中的人物来说，都是难以企及的。莎士比亚对家庭生活中女性的妒意给予了深刻的鞭笞，对忤逆父母的行为给予了猛烈的抨击。他特别看重孩子在家庭中的重要作用，认为孩子是"我们依稀的形象"，"可续我们的韶华春梦"，认为绕膝之乐是人生至福。莎士比亚的家庭观，对于我们如何成为一个好父亲、好儿子、好母亲、好女儿，如何在家庭舞台上扮演好自己的角色，都具有指导作用。

单身的不幸

我们少年的美质只会像过早降临的春天一样枯萎凋谢。更为沉痛的是，我们会一直过到迟暮之年还不曾结婚，巴拉蒙，我们永远不会有一个温情的妻子带着热吻，带着一千个爱的天使来搂抱我们的脖子了。我们不会有后裔认识我们。我们再也看不到自己依稀的形象给我们的老年以安慰了；我们再也不能教育他们像小鹰一样勇敢地望着闪亮的兵器，对他们说："记住你们的父亲是什么人，征服吧！"（《两个高贵的亲戚》）

钱锺书先生的《围城》之意是说：婚姻是座围城。在婚姻的围城里，有人成为快乐的王子，有人沦为失意的乞丐。我们也许并不知道结婚比不结婚是不是更好，但我们知道不结婚的坏处：你得不到妻子的热吻、子孙的搂抱。然而，这些，对于一个人来说，不是非常重要的吗？

爱情终归平淡

女人在被人追求的时候是天使。无论什么东西，一到了人家手里，便一切都完了；无论什么事情，也只有在正在进行的时候兴趣最为浓厚。一个被人恋爱的女子，要是不知道男人重视未获得的事物甚于既得的事物，她就等于一无所知。一个女人要是以为恋爱在达到目的以后，还是像热情未获满足以前一样的甜蜜，那么她一定从来不曾有过恋爱的经验。所以我从恋爱中间归纳出这一句箴言：既得之后是命令，未得之前是请求。（《特洛伊罗斯与克瑞西达》）

谁在席终人散以后，他的食欲还像初入席时那么强烈？哪一匹马在冗长的归途上，会像它起程时那么长驱疾驰？对世间的一切事物，人们追求时的兴致总要比享用时的兴致浓烈。（《威尼斯商人》）

爱情最终都会归于平淡，归于友情和亲情。轰轰烈烈变成细水长流，山盟海誓变成相互扶持。爱情失去了情感的强度，得到了情感的厚度；爱情失去了激情，得到了温情。

妒妇的语言

阿德里安娜：那是我们日常的话题。在床上，他被我数说得不能入睡；在饭桌上，他被我数说得不能下咽。没有旁人的时候，我就跟他谈论这件事；当着别人的面前，我就用眼色警戒他。我总是对他说那是一件干不得的坏事。

住持尼：所以他才疯了。妒妇的长舌比疯狗的毒牙更毒。他因为听了你的詈骂而失眠，所以他的头脑才会发昏。你说你在吃饭的时候，也要让他饱听你的教训，所以害得他消化不良，酿成热病。热病难道不就是发疯？你说他在游戏的时候，也因为你的呵责而打断了兴致。一个人既然找不到慰情的消遣，他自然要闷闷不乐，犯忧郁症，百病丛生了。吃饭、游戏和休息都要受到烦扰，无论是人是畜生都会因此而发疯。你的丈夫是因为你的多疑善妒，才吓得丧失了理智的。（《错误的喜剧》）

一个理智的男人不会把一只麻雀养在卧室中。所以，适时的沉默，即是家庭的平静。

合格的男人

做丈夫他多情，做父亲他认真，

深谋远虑，总是在努力不断。

让两种情爱相济，彼此辉映，

促进着天伦之爱，在各个方面。（《挽歌》）

在人生的舞台上，我们每一个人都扮演着不同的角色。对于一个男人来说，在家庭中，他既是父亲，又是丈夫，只有肩挑两责，才是一个合格的演员。家庭上演的是喜剧还是悲剧，取决于家庭中每一个人的付出。

男人需要时间去锤炼

时钟在谴责我把时间浪费。别担心，好孩子，我不会留住你。可是等到才情和青春成熟之后，你的妻子将会收获到一个出色的男人。（《第十二夜》）

人生是一个成长的过程。“凡是生长的东西，不到季节，总不会成熟”（《仲夏夜之梦》），一个男人，经过岁月和生活的淬炼，终会浴火重生，幻化成一个出色的男人。

善待父母

若是你像我一样为生育他而呻吟过，你就会多几分怜悯了。（《理查二世》）

伸出你的手来，当她年轻的时候，你曾经向她求爱；如今她老了，她却成为求爱的人！（《冬天的故事》）

我这外在的匍匐屈膝来自内心纯孝的真情。（《亨利四世》下篇）

法国作家圣埃克苏佩里在《小王子》中说：“我们每个成人都曾经是孩子。”小时候，父母给我们穿衣，给我们食物；教我们走路，教我们牙牙学语。父母的爱，是我们前行的明灯，跌倒时的拐杖。时光渐逝，父母终将老去，他们会变成“老小孩”。这时，曾经给予我们爱的手，开始向我们求爱了。哪一双父母，曾拒绝过子女求爱的手呢？所以，在父母向我们求爱时，请把你的手伸向他们吧！

老人是婴儿

一个老年人是第二次做婴孩。（《哈姆雷特》）

父母会老去，会逐渐和这个世界脱节。他们行动迟缓了，思维迟钝了，他们脆弱得像一个刚刚出生的婴儿。他们像孩子般固执和任性，他们像孩子般容易激动和爱发脾气，他们像孩子般不会照顾自己。这时，请像父母对待刚刚出生时的我们一样对待父母吧！我们的爱，将是他们老年最温馨的保姆。

适度的悲哀

适度的悲哀可以表示感情的深切，过度的伤心却可以证明智慧的欠缺。（《罗密欧与朱丽叶》）

适度的悲伤是对于死者应有的情分，过分的哀戚是摧残生命的仇敌。（《终成眷属》）

可是你要知道，你的父亲也曾失去过一个父亲，那失去的父亲自己也失去过父亲。那后死的儿子为了尽他的孝道，必须有一个时期服丧守制，然而固执不变的哀伤，却是一种逆天悖理的愚行，不是堂堂男子所应有的举动。它表现出一个不肯安于天命的意志，一个经不起艰难痛苦的心，一个缺少忍耐的头脑和一个简单愚昧的理性。既然我们知道那是无可避免的事，无论谁都要遭遇到同样的经验，那么我们为什么要这样固执地对它耿耿于怀呢？嘿！那是对上天的罪戾，对死者的罪戾，也是违反人情的罪戾。在理智上它是完全荒谬的，因为从第一个死了的父亲起，直到今天死去的最后一个父亲为

止，理智永远在呼喊，“这是无可避免的”。我请你抛弃了这种无益的悲伤。（《哈姆雷特》）

关于生命的离去，我们应该秉持一种豁然的态度。我们爱我们所爱的人，我们所爱的人也同样爱我们，就像我们不忍看到他们过度悲伤一样，他们也不忍看到我们过度悲伤。

孩子是人生最大的财富

有些父亲靠一种乐趣度日——看到孩子们膝下承欢。（《理查二世》）

你的爷爷是十分爱你的：好多次他抱你在他的膝上跳跃，唱歌催你入睡，他的慈爱的胸脯做你的枕头；他曾经给你讲过好多故事，要你记在心头，等他老人家走后，你好讲给别人听。（《泰特斯·安德洛克尼斯》）

电影《教父》中说，孩子是人生最大的财富。从牙牙学语，到长大成年，他们带给我们多少欢声笑语，带给我们多少心灵的慰藉。孩子是种在家庭中的一棵幸福树，是开在庭院中的一朵幸福花。

孩子是我们最好的遗产

如有人问起，何处尚存你当年的美色，
或何处有遗芳可追寻你往昔的风流，
你却只能说：“它们都在我深陷的眼里。”
这回答是空洞的颂扬，徒令答者蒙羞。
但假如你能说：“这里有我美丽的孩子
可续我韶华春梦，免我老迈时的隐忧。”
那么孩子之美就是你自身美的明证。
你如这样使用美，方值得讴颂千秋。
如此，你纵然已衰老，美却会重生，
你纵然血已冰凉，也自会借体重温。（《莎士比亚十四行诗》第 2 首）

除了孩子，在这个世界上，我们还能遗留些什么？孩子是我们在尘世继续行走的影子。亲人们看到他们，犹如看到我们。他们是我们的未来。

教育子女

溺爱儿女的父亲倘使把藤鞭束置不用，仅仅让它作为吓人的东西，到后来它就会被孩子们所藐视而不再对它生畏。（《量罪记》）

现代社会，体罚应该被束之高阁，但体罚背后的教育理念应继续提倡：做错事情，就一定要受到惩罚。每个人都要为自己的错误付出代价，承担责任，哪怕是孩子。父母不能纵容孩子，要爱，但不要溺爱。

鼓励孩子

对一件功劳不加赞扬可能消沉了以后再做一千件的兴致，褒奖便是我们的酬报。一回的鞭策还不曾使马儿走过了一亩地，温柔的一吻早已使它驰过百里。（《冬天的故事》）

鼓励是最好的导师，因为鼓励是一条向前牵引的手，会引领孩子们到达更高、更远的地方。批评是一条向后牵引的手，会使孩子陷入悲观和失望中。因此，哪怕他只是取得了一点点成绩，也请给他相应的鼓励吧！

找一个合适的继承人

夏洛克：让一个不知俭省的奴才看守着门户，有点放心不下。

杜伯尔：有一个人给我看一个指环，说是你女儿用它向他换了一只猴子。

夏洛克：该死该死。杜伯尔，你提起这件事，真叫我心里难过。那是我的绿玉指环，是我的妻子莉莎在我还没有结婚的时候送给我的，即使人家把一大群猴子来向我交换，我也不愿意把它给人。（《威尼斯商人》）

让一个不肖子孙继承、保管自己的遗产，犹如让一个不知俭省的奴才看守门户，同样让人放心不下。教育好自己的子女，才能保管好自己一生的心血。

回报亲人的付出

他照顾你、抚养你，到海洋里陆地上辛苦奔波，夜里冒着风浪，白天忍受寒冷，你却穿得暖暖地待在家里，享受着安全与舒适。他希望你贡献给他的，只是你的爱情，你的温柔的辞色，你的真心服从；你欠他的好处这么多，他所要求于你的酬报却是这么微薄！（《驯悍记》）

一个家庭的前途70%取决于男人，一个家庭的品位70%取决于女人。每一个男人，都希望用自己的努力为妻子营造一个小小的可以栖居的城堡，于是，男人出外，女人居家。男人带给妻子的是保护，女人馈赠给男人的是爱情和家的温馨。

感谢亲人的付出

最细小的服务，也应该得到一声道谢。你在吃这肉之前，应该谢谢我才对。（《驯悍记》）

从小到大，我们对于亲人的付出，总是默默地接受，总是将感恩的语言默默地融入血液之中。虽然，我们没有说出声来，但是，感恩在心中；抑或是，我们采用另一种方式表达了，比如寒冬时为父母添置保暖的衣服，黑夜中为迟归的爱人留一盏指引归家道路的灯。无论如何，“爱要大胆说出口”，无论是用有声的语言或无声的行动。

第三章

友谊的真谛

莎士比亚对朋友之间的纯洁友谊非常推崇，他认为真正的友谊来自于智慧的相通、心灵的契合；朋友之间应该真诚相待，甚至是互相敌对的双方，也可以成为好朋友。同时，对于假朋友和酒馔朋友，莎士比亚则给予了辛辣的讽刺。这和中国古人有异曲同工之妙。《论语》云："益者三友，损者三友。友直，友谅，友多闻，益矣。友便辟，友善柔，友便佞，损矣。"这也是对真假朋友的划分。莎士比亚更是强调了择友的重要性，所谓"方以类聚，物以群分"（《周易·系辞上》），朋友之间是可以互相感染的。因此，择一益友，得一良师；择一损友，得一祸患。《晏子春秋·杂上》云："君子居必择邻，游必就士"，亦阐明了择友的重要性。钱锺书先生言："东海西海，心理攸同。"这可谓一语中的。

朋友是智慧的结合

涅斯托：我们希望看见他们分裂，不希望看见他们勾结。可是为了一个傻子就会叫他们彼此不和，那么他们的友谊未免也太不牢固了。

俄底修斯：智慧联络不起来的好感，愚蠢一下子就会把它打破。（《特洛伊罗斯与克瑞西达》）

能够轻易离间的友谊，不是真正的友谊，不是智慧的结合，因为他们本身不够稳固，一杯水，就可以冲毁他们友谊大厦的基石。真正的朋友，在性情、兴趣、志向上相契相合。

同声相求者必同类

自恃能言的弄臣，倘没有浅薄的听众随声哗笑，就只好收起他的如簧之舌。所以说，可笑不可笑取决于听者之耳而非言者之舌。（《爱的徒劳》）

一个酒鬼会把另一个酒鬼引为同调。（《爱的徒劳》）

《史记·伯夷列传》云：“同明相照，同类相求。”《增一阿含经》亦云：“善人会与善人相聚，恶人会与恶人相聚。譬如乳与乳相应，酥与酥相应。”心灵是磐石，语言是刻刀，像风轻轻地划过水面，还是像巨石深深地嵌入泥土中，更多取决于我们与对方相似的程度。

患难出真知

谁若算是你真正的朋友，
在你困难时必定会伸出手。
你心里难受，他眼里泪流，
你没有睡觉，他也睡不着。
像这样你心里只要有事，
他必然要为你分担忧虑。
要区别朋友和谄媚的敌人，
凭这些迹象便可以断定。（《激情漂泊者》）

朋友，是在危难中可资托付的人；朋友，是与我们同呼吸、共命运、共历快乐与痛苦的人。当我们遇到困难时，他们会伸出友谊的手帮助我们。

真诚胜于酒肴

鲍尔萨泽：酒肴即使稀少，只要主人好客，也一样可以尽欢。

小安提福勒斯：……你在别的地方可以享受到更为丰盛的宴席，可是不会遇到比我更诚心的主人。（《错误的喜剧》）

要吃还是在家里，出来做客席上最有滋味的就是主人的礼数，缺了它饮宴就会变得索然无味。（《麦克白》）

没有人会去赴不受欢迎的宴席。在酒宴上，在朋友的家中，我们每一次举杯祝福的理由，只不过是：祝福家庭、祝福友谊、祝福彼此的真诚、祝福对方爱我们的心。良辰美景，若无温情相伴，也不过是萧瑟秋风中一场华丽的盛筵罢了。

朋友之间不需要伪饰

要是看见朋友之间用到不自然的礼貌的时候，就可以知道他们的感情已经在开始衰落了。坦白质朴的忠诚，是用不到浮文虚饰的。可是没有真情的人，就像一匹刚上路精神焕发的驽马一样表现出一副奔腾千里的姿态，等到一受鞭策，就会颠踬泥涂，显出庸劣的本相。（《裘利斯·恺撒》）

我们只有对陌生人才客气，客气得像陌生人。真正的朋友，不会拘泥于外在的繁文缛节。真正的友谊是“清水出芙蓉，天然去雕饰”（李白《经乱离后天恩流夜郎忆旧游书怀赠江夏韦太守良宰》），此之谓“君子之交淡如水”（《庄子·山木》）。

忠诚是最好的欢迎

凡是我所到的地方，那些有学问的人都预先准备好欢迎辞迎接我，但是一看见了我，便发抖、脸色变白，句子没有说完便中途顿住，话儿梗在喉中，吓得说不出来，结果是一句欢迎我的话都没有说。相信我，亲爱的，从这种无言中我却领受了他们一片欢迎的诚意；在诚惶诚恐的忠诚的畏怯上表示出来的意味，并不少于一条娓娓动听的辩舌。因此，爱人，照我所能观察到的，无言的淳朴所表示的情感，才是最丰富的。（《仲夏夜之梦》）

《论语》云：“巧言令色，鲜矣仁。”只有内心淳朴的感情，才是夹道相迎最好的鲜花和掌声。

待友如待己

把他们当人对待，该怎么办就怎么办，而且为了我的缘故还要多做些努力。因为我也有过各种经历：恐惧、愤怒、朋友的命令、爱情的激励、奋发的热忱、情妇的折磨、自由的欲望。我害过热病、发过疯，因为意志的脆弱能压倒理智的力量，我也曾追求过不靠外力只凭天性无法达成的目标。（《两个高贵的亲戚》）

我不是也会产生我的朋友会产生的欢乐、忧伤、愤怒、恐惧之类的情绪吗？（《两个高贵的亲戚》）

我们和我们的朋友一样既软弱又强大。爱朋友，就像爱我们自己一样；分享他们的痛苦，就像分享我们自己的痛苦一样！

不要背后中伤你的朋友

暗算的创伤是最深的。哦，可诅咒的时代，自己的朋友竟会变成最坏的仇敌！（《维洛那二绅士》）

真正的朋友，要敢于当面指出对方的缺点，此之谓“诤友”。然而，在现实生活中，我们常常当面指正朋友的少，背后议论朋友的多。我们背后的议论，又常失之于偏颇，于是，在对方看来就是“暗算”了。无意的“暗算”，尚可宽恕；有意的“暗算”，则罪无可恕。

朋友与伤害

人生的荣华不过是一场疯狂的胡闹，正像这种奢侈的景象在一个嚼着淡菜根的人眼中一样。我们寻欢作乐，全然是傻子的行为……哪一个人不曾被人败坏，也败坏过别人？哪一个死去的人不曾带着朋友给他的伤害走进坟墓？（《雅典的泰门》）

朋友给予我们的伤害，不是最大的，往往是最深的。陌生人给予我们的伤害，我们能轻易从心头拂去；朋友带给我们的伤害，我们往往会铭记在心。我们爱他们，所以，才会记住他们。所以，“在动乱、荒淫无耻的年代里，兄弟们，不要深责自己的亲兄弟”（肖洛霍夫《静静的顿河》）。

原谅自己的朋友

一个朋友应当原谅他朋友的过失。（《裘利斯·恺撒》）

古语云：“爱之深，责之切。”我们对一个人爱得越深，越把过高的期望放置在他们身上。一个无意的小错误，对于陌生人，我们常常会谦和地一笑；对于朋友，我们则会疾言厉色。其实，不是我们的朋友不可饶恕，而是，我们将他们的错误放大到不可饶恕的地步。

不要责怪朋友的无心之失

一个人在悲哀之中，说不出娓娓动听的话。（《爱的徒劳》）

人总是人，圣贤也有错误的时候；一个人在愤怒之中，就是好朋友也会翻脸不认。（《奥赛罗》）

一个人在悲哀、愤怒的时候，常会说出一些无心之失的话。亲爱的朋友，不要责怪他们，因为，在平静的时候，他们是多么平和的人啊！伤害我们的，不是我们的朋友，而是同样也伤害了我们朋友的那种悲哀。如果我们责怪他们，那么他们就受到双重的悲哀了，一者来自悲哀本身，一者来自我们。

不要让朋友做自己恋爱的代言人

友谊在别的事情上都是可靠的，在恋爱的事情上却不能信托，所以恋人们都是用他们自己的唇舌。谁都生着眼睛，让他自己去传达情愫吧，总不要请别人代劳。因为美貌是一个女巫，在她的魔力之下，忠诚是会在热情里溶解的。这是每时每刻都在发生的事情。（《无事生非》）

爱情不能假朋友之手来完成，因为，你的朋友和你具有一样的性情，喜爱相同的事物。因此，他（她）很容易爱上你所爱的人。

朋友与公理

用你们的智慧批评我，用你们的理智评判。要是今天在场的群众之间有什么人是恺撒的好朋友，我要对他说，勃鲁托斯也是和他同样爱着恺撒。要是那位朋友问我为什么勃鲁托斯要起来反对恺撒，这就是我的回答：并不是我不爱恺撒，可是我更爱罗马。你们宁愿让恺撒活在这个世界上，大家作为奴隶而死呢，还是让恺撒死去，大家作为自由人而生？因为恺撒爱我，所以我为他流泪。因为他是幸运的，所以我为他欣慰。因为他是勇敢的，所以我尊敬他。因为友谊，用喜悦庆祝他的幸运，用尊敬崇仰他的勇敢，用死亡惩戒他的野心。（《裘利斯·恺撒》）

《论语》主张“子为父隐，父为子隐”，对此，老舍在《老舍自传》中写道：“以前，中国人讲究‘子为父隐，父为子隐’，于是，隐来隐去，就把真理全隐得没有影儿了。”父子相隐、朋友相隐，在中国古今比比皆是。古希腊先贤亚里士多德云：“吾爱吾师，吾更爱真理。”这无疑是对上述做法的当头棒喝。真理比朋友更重要。我们爱我们的朋友，但我们更爱真理。

接受朋友的建议

能发达的人都接受朋友的劝说。（《维纳斯与阿多尼斯》）

善于聆听的人，能从语言中撷取智慧。朋友是最了解我们的人，也是最愿意帮助我们的人，听从朋友的规劝，才能通达成功。

朋友和距离

两位陛下从小便在一起受教育，他们彼此之间的感情本来就非常深切，难怪现在会这么要好。自从他们长大之后，地位和政治上的需要使他们不能再在一起，但是他们仍旧交换着礼物、书信和友谊的使节，代替着当面的晤对。虽然远隔重洋，却似乎仍携手相亲；天南地北，却似乎仍可以互相拥抱。（《冬天的故事》）

唐王勃《送杜少府之任蜀州》云：“海内存知己，天涯若比邻。”友谊，不在于外在的距离，而在于内心的距离。

礼物与朋友

送礼的人要是变了心，礼物虽贵，也会失去价值。（《哈姆雷特》）

中国古谚有云：“千里送鹅毛，礼轻情意重。”礼物的价值不在于礼物本身，而在于赠礼者。一个心怀恶意的人送你一把利剑，远没有送你一根稻草更少坏处。

友谊的捧场

奥尔良：心怀恶意，说不出好话。

大元帅：我也回敬你一句话："友谊当中总有捧场。"

奥尔良：我再接上一句："魔鬼也该受到公正的评价。"

（《亨利五世》）

在朋友和敌人之间，我们的天平是失衡的。我们往往过誉朋友，深责敌人。把金子看成金子，把污泥当成污泥，这样，我们才能分辨出朋友和敌人真正的价值。

朋友和敌人

尊贵的英雄，我们热烈欢迎你，正像我们热烈希望早早去掉你这样一位敌人一样。可是在欢迎的时候，不该说这样的话，请你明白我的意思，在过去和未来的路上，布满毁灭的零落的残迹，可是在此时此刻，我们用毫无猜忌的诚意，从心底里向你表示欢迎，伟大的赫克托！（《特洛伊罗斯与克瑞西达》）

在战场上是敌人，在生活中是朋友。我们成为敌人，是因为我们属于不同的集团；我们成为朋友，是因为我们彼此欣赏。

敌人的赞美

赞美倘然从被赞美者自己的嘴里发出，是会减去赞美的价值的；从敌人嘴里发出的赞美，才是真正的光荣。（《特洛伊罗斯与克瑞西达》）

在《荷马史诗》中，我们看到，赫克托尔渴望杀死阿喀琉斯的愿望和他对阿喀琉斯的赞美同样真诚。敌人的赞美，不是为了取悦于你，而是一种由衷的欣赏。

不要假朋友

我宁愿要敌人也不要假朋友。（《亨利六世》下篇）

很多时候，假朋友比真敌人对我们造成的伤害还要大。真敌人，无论是明枪还是暗箭，我们都时刻提防着他们；可是，对于假朋友，我们该如何提防呢？他们微笑着走向我们，却恶狠狠地伤害我们。

慎重交友

无论是智慧者的风度或是愚昧者的傻相都跟疾病一样，是能够传染的，可见人们交友不可不慎。（《亨利四世》下篇）

因为凡是常在一块儿谈心游戏的朋友，彼此之间都有一种相互的友爱，他们在容貌上、风度上、习性上，也必定相去不远。（《威尼斯商人》）

晋傅玄《太子少傅箴》云："近朱者赤，近墨者黑。"人和人之间是会互相感染的。和性格温和的人在一起，自己的性格也会变得温和；和脾气暴躁的人在一起，自己也会暴躁起来。择友择德，不可不慎。

不要冷落故交好友

自轻自贱，低价把最珍贵者出售。

为交新欢，不惜与旧友反目成仇。（《莎士比亚十四行诗》第110首）

人生不是一路的丢弃，也不是一路的拾取。当踏上新的旅程的时候，我们总是把最珍贵的事物带在身边。只有结识新朋友，不忘老朋友，才能“天下谁人不识君”（唐高适《别董大》）。

推心置腹要慎重

各位听我讲话的人，请相信我这将死之人的一句实在话吧：当你们对人慷慨陈词、倾吐你的友爱和忠言时，千万不可失去节制，因为你当作好友而对之推心置腹的那些人，一旦看到你们的命运遭遇到一点点挫折，他们就会像流水一样从你的身边退走，从此再不露面，除非他们要来落井下石，使你垮台。（《亨利八世》）

并不是每片真心都会换来真心，有时候，真金换来的远不是白银，而是连青铜也不如的黑铁。所以，要像挑选情人一样挑选朋友，要像对情人倾诉衷肠一样，向真正的朋友倾诉衷情。

轻浮的朋友

那位轻浮的国王却总是跟插科打诨之辈、炫才弄学之辈朝夕相处——这种人有如干柴，容易点燃，也容易烧尽。（《亨利四世》上篇）

轻浮的人，如秋生的野草，随火而逝去，并不能留下真正稳固的东西。一个人将友谊寄托在并无根基的浮萍上，友谊亦会随波而逝。

骑墙的朋友

周旋于两可之间的骑墙者，能够看明善恶，却不敢得罪哪一方。（《冬天的故事》）

法国思想家卢梭说，见偷不声的人，未必是坏人，他们只是善良的普通人而已。生活中，朋友没有制止别人加于我们的伤害，不是他们不愿意，而是因为他们本身不够强大。我们不能因为他们的软弱而憎恨他们。

善变的朋友

刚才还是誓同生死的朋友，两个人的胸膛里好像只有一颗心，睡眠、饮食、工作、游戏，都是彼此相共，亲密得分不开来，一转瞬之间，为了些微的争执，就会变成不共戴天的仇人。同样，切齿痛恨的仇敌，他们在梦寐之中也念念不忘钩心斗角，互谋倾陷，为了一个偶然的机会，一些不足道的琐事，也会变成亲密的友人，彼此携手合作。（《科利奥兰纳斯》）

没有永恒的友谊，只有永恒的利益，人们会为得到一个弹子而与你反目成仇，也会为得到一个弹子而与你握手言和。这样的友谊是流动不居的水，随时会变化东西、倏忽南北。

酒肉朋友

花费无数的钱财，买到人家一声赞美，钱财一旦出手，赞美的声音也寂灭了。酒食上得来的朋友，等到酒尽樽空，转眼成为路人。一片冬天的乌云刚刚出现，这些飞虫早就躲得不知去向了。（《雅典的泰门》）

用“座上客常满，杯中酒不空”（《增广贤文》）来形容泰门富贵时朋友云集的情景，再恰当不过了；待泰门钱财散尽，就门可罗雀了。其原因大抵如章炳麟在《致伯中书一》中云：“今虽势力滂沛，大抵酒肉朋友耳。”酒肉朋友不可交。

离开恶习、离开旧友

我已经赶走了过去的自己，也要赶走过去的朋友。（《亨利四世》下篇）

今天的我们，仍然能寻觅到通达过去和未来的桥梁。一件旧礼物，使你想起送礼物的人；一首老歌，使你想起旧时唱这首歌的人。人要走向新生，必须抛弃旧爱，尤其是旧爱深深地腐蚀和伤害着我们的时候，更应如是。

第四章

处世的艺术

梁任公（梁启超）《论小说与群治之关系》认为，小说能熏、浸、刺、提，以增闻广识，开启民智。古罗马文论家贺拉斯《诗艺》亦提出“寓教于乐”的观点。可见，文学于社会、人生大有助益。于处世，莎剧亦提供了处事典范。莎士比亚在剧中常借老年人之口来告诫世人处世的艺术，如《终成眷属》中伯爵夫人在儿子远行前的谆谆嘱托，可谓人生处世的金玉良言。莎士比亚像一个慈爱的老者一样，通过他的戏剧来指导人生，避免人行路于暗夜中。《贞观政要》中讲述了一则唐太宗“受人谏语”的故事，与俗语“听人劝，吃饱饭”的道理亦是相同的。那么，我们又何不秉持莎士比亚给予我们的处世理念，来指导我们处理日常生活中的方方面面！

生命的基石

众流每日纳贡，献给它咸味的君王，
送去千山众瀑的新鲜湍急的流水，
虽使海水增多，却不改它的咸味。（《露克丽丝遭强暴记》）

法国哲学家雅克·德里达在《巴别塔》中打了一个形象的比喻。他认为，原文是生命，翻译是生存，生存是生命的表现形式。这亦如卡夫卡在《致菲利斯情书》中所言："我缺乏，缺乏各种生命的表现形式。"我们的生命之泉，流经山地、花谷；我们的生命之泉，接纳不同的水源。生命要有不同的生存方式，这才是丰富的人生。但是，在水面之下，我们有自我生命的本质，这是我们的生命基石。它使我们安如磐石，使我们不随波逐流。

人生的困境

要是你做了狮子，狐狸会来欺骗你；要是你做了羔羊，狐狸会来吃了你；要是你做了狐狸，万一驴子把你告发，狮子会对你起疑心；要是你做了驴子，你的愚蠢将使你受苦，而且你也不免做豺狼的一顿早餐；要是你做了狼，你的贪馋将使你烦恼，而且常常要为求食而冒生命的危险；要是你做了犀牛，你的骄傲和凶暴将使你受罪，让你自己被你的盛怒所克服；要是你做了熊，你要死在马蹄的践踏之下；要是你做了马，你要被豹子所攫噬；要是你做了豹，你是狮子的近亲，你身上的斑纹将使你送命。你没有安全，没有保障。你要做一头什么野兽，才可以不受别的野兽的侵害呢？（《雅典的泰门》）

人生是无法完满的。因此，承认生活中的缺陷，才是承认了人生。

人要学会交际

《圣经》上说，交际是人类的幸福。（《爱的徒劳》）

一滴水，只有放入大海中才能永不枯竭；一个人，只有融入周围的人群中才能不孤单。在交际的过程中，热情可以传递，智慧可以分享。每个人都有自己交际的方式：沉默的人用默默的关怀，活泼的人用聪慧的言辞。交际就是爱的传递，只要播撒爱，就会收获许多知识和友谊。

人际关系的鸿沟

要是把人们的血液倾注在一起，那颜色、重量和热度都难以区别，偏偏在人际关系上，会划分这样清楚的鸿沟，真是一件怪事。（《终成眷属》）

法国启蒙思想家卢梭在《社会契约论》中写道："人生而是自由的，却无往而不在枷锁之中。"人秉持自由、平等、博爱的理念生存在世界上，却无往不在自我设置的枷锁中。金钱、权势、血缘、人际，所有的自我设限，都需要我们努力突破。恰若卡夫卡所说："胆怯的自我的界限只有用爱才能突破。"人类只有用爱，才能突破自我的设限，通达大爱。

平等待人

同样的太阳照着他的宫殿，也不曾避过了我们的草屋：日光是一视同仁的。（《冬天的故事》）

星光先照耀山谷，命运的残酷是不择高下的。（《冬天的故事》）

日光，普照林谷，不择高下；水流，恩泽万物，无论贵贱。人的目光却有高下贵贱、美丑亲疏之别。要知道，对待他们，应该一视同“人”。人心要仿若星空。德国哲学家康德的墓志铭上写道：“有两种东西，我对它们的思考越是深沉和持久，它们在我心灵中唤起的惊奇和敬畏就会日新月异，不断增长，这就是我头上的星空和心中的道德定律。”我们头上的星空，日月星辰，风霜雨露，它们不分高下，平等对待万物，这也应该成为我们心中的道德律令。富贵者、贫贱者，亲朋好友、一面之缘的陌生人，我们或多或少拥有自己的脆弱，我们都需要命运平等的手来抚去我们每个人身上的伤痕。

按事物本身的价值去对待它

同样价值的东西，往往因为主人的喜恶而分别高下。（《雅典的泰门》）

可是价值不能凭着私人的爱憎而决定。一方面这东西的本身必须确有可贵的地方，一方面它必须为估计者所重视，这样它的价值才能确立。要是以隆重的祭礼，去向一个卑微的神祇献祭，那就是疯狂的崇拜。偏执着私人的感情，而不知辨别是非利害，也就是溺爱不明。（《特洛伊罗斯与克瑞西达》）

《庄子·人间世》云："夫两喜必多溢美之言，两怒必多溢怒之言。"溢美、溢怒，缘于我们本身的好恶。弃绝好恶，方得本初。

以其人之道还治其人之身

他太为自己的勇敢骄傲了。这样一种性格，一旦被胜利冲昏了头脑，甚至会瞧不起正午时他践踏的自己的影子。（《科利奥兰纳斯》）

要一个骄傲的人看清他自己的嘴脸，只有用别人的骄傲给他做镜子。倘然向他卑躬屈膝，不过添长了他的气焰，徒然自取其辱。（《特洛伊罗斯与克瑞西达》）

宋朱熹《中庸集注》云：“故君子之治人也，即以其人之道，还治其人之身。”孔雀只有看到镜中自己的骄傲才会低下自己骄傲的头；我们只有以别人伤害我们的方式去伤害别人，才能让别人体会到他们对我们的伤害是多么真切！目的不在于伤害，而在于使对方体会到伤害的痛苦，而后改正自我。

做事不求回报

顾虑是慷慨的仇敌；一个人自己慷慨了，就以为人家也是跟你一样的。（《雅典的泰门》）

《诗经·卫风·木瓜》云：“投我以木瓜，报之以琼琚。”琼琚，美玉也。后人遂以“投木报琼”来比拟平等相待的真挚友谊。然而，现实中，付出和得到并不是对等的。你十分心对她，她三分心对你。于是，你心中愤懑不平。其实，这怒心又何尝不是缘于自我呢？佛家导人破除“我”“众生”“佛”之间的人为区别。佛尽己能广度众生，但并不执着于“我”在帮助众生，并不希冀从中获得功德。所谓对人，即是对己，但持“只求耕耘，不问收获”之心，才能有大心量，才能有大格局，才能成就大事业。

不要把自己的快乐建立在别人的痛苦之上

为什么某些人私人的快乐
会造成许多人共同的祸殃？
但愿得一个人犯下的罪过
只落在犯罪者自己的头上。
愿清白的灵魂免于罪犯的悲伤。
一个人犯罪为什么许多人受罚？
个人的罪过为什么要殃及大家？（《露克丽丝遭强暴记》）

你在宁静中安睡，不想被打扰；你在平静中生活，不想被伤害。《论语》云："己所不欲，勿施于人。"所以，请不要把自己的快乐建立在别人的痛苦之上；所以，请在公共场合掐灭你的烟头；所以，请不要在午夜的街道疯狂地呐喊……

不要妄议别人

不要评论他，因为我们都是罪人。（《亨利六世》中篇）

清金缨《格言联璧》：“静坐常思己过，闲谈莫论人非。”无端地妄议别人，总会被自己的语言所戕害。何况，我们本身并不具备评论别人的资格，因为我们本身并不完美，我们本身并不比他人更好。

正确的批评不是谩骂

傻子有特许放肆的权利，虽然他满口骂人，人家不会见怪于他；君子出言必有分量，虽然他老是指摘人家的错处，也不能算为谩骂。（《第十二夜》）

对于误入歧途的灵魂，要用温和的态度再争取过来，一个也不要抛弃。（《亨利八世》）

良言暖人，恶语伤人，即使是善意的批评，也应该采取温和的方式。

对事不对人

你讨厌的不是我说的话，而是我本人。（《亨利六世》中篇）

你若是按照时势的需要去理解时势，你就不得不说，伤害你们的是时势，而不是国王了。（《亨利四世》下篇）

不要因为这句话是我说的而恨我，你应该恨的是这句话所包含的真理。对事不对人，才能避免因人而异所造成的偏颇。

给别人改正错误的机会

就算我有了错处你才把我回避，
也该宽假三分，给我自新的机会。（《错误的喜剧》）

应该给犯错的人一次反省的机会。“反省是一面镜子，它能将我们的错误清清楚楚地照出来，使我们有改正的机会。”（海涅）错误促人反省，我们应给人以反省的机会。

理解和宽容

忍耐而无动于衷，无怪乎她这样说，
没有那些经验的人可以十分温驯。
一个可怜的灵魂，为苦难所伤，
我们听到它哭泣，就叫它不要张扬。
但如果我们自己经受过类似的磨难，
我们也会一样怨诉，也许还更激烈。（《错误的喜剧》）

人们对于自己并不感觉到的痛苦，是会用空洞的说话来劝告慰藉的，可是他们要是自己尝到了这种痛苦的滋味，也会情令智昏。他们会觉得他们给人家服用的药饵，对自己也不会发生效力。极度的疯狂，是不能用一根丝线把它拴住的。不，不，谁都会劝一个在悲哀的重压下辗转呻吟的人安心忍耐，可是谁也没有那样的修养和勇气，能够自己忍受同样的痛苦。所以不要给我劝告，我的悲哀的呼号会盖住劝告的声音。（《无事生非》）

劝慰对方最好的方式,不是劝她克制自己的情感,更不能嘲笑一个人在悲痛中荒唐的行为,而应该体谅他、理解他。理解一切,便能宽容一切。

劝慰别人要注意方式

他出了问题要责备他，但要选在他心情快活的时候，而且抱着尊重的态度。他若是心情不好，就得给他时间和余裕，直到他的冲动如困在陆上的巨鲸逐渐失去活力。（《亨利四世》下篇）

雨水之所以能滋润万物、沁人心脾，在于其“随风潜入夜，润物细无声”（杜甫《春夜喜雨》）。如若是疾风骤雨，则容易使禾苗折断。良言暖人，但要劝人以时、劝人以势。

不要害怕恶意的评价

> 我们不能因为害怕碰到恶意的评判者就中止我们的必要行动。他们那些人就像是贪吃的鲨鱼，总是紧紧跟随着一艘新装备好出海的大船，但是除了痴心妄想，他们什么好处也捞不到。我们所做的最好的事，在那些心怀妒忌的批评者们（同时也是智慧最薄弱的人）看起来，都不是我们自己做的，再不然干脆就不予承认。同样，我们所做的最坏的事，也常常因为投合了品格卑下的人的心意，而被当作我们的最好行为而大加赞扬。如果我们唯恐自己的计划受人嘲笑或挑剔，就停步不前，那么我们就只好坐在这里生根，或者像一尊庄严的雕像似的端坐不动。（《亨利八世》）

三国时期魏国人李康《运命论》云："木秀于林，风必摧之；堆出于岸，流必湍之；行高于人，众必非之。"我们常批评一个人无所事事，其实，一个人才德出众，亦会被人攻讦。无论优劣，人人都难免成为别人的舌上鱼肉。所以，人生须正道直行，无怨无悔。至于路上的流言蜚语，不如高歌"百花丛中过，片叶不沾身"（《金刚经》），且随它去。

恶行与恶语

恶行加上恶语，加倍地叫人厌恶。（《错误的喜剧》）

道歉是弥补错误行为的最好方式。当你伤害了对方，一句真挚的道歉，也许会冰释前嫌。反之，你尽力为自己的错误行为辩护，那就是错上加错。“良言一句三冬暖，恶语伤人六月寒”（《增广贤文》），恶言紧跟着恶行，无疑是冰刀霜剑了。

不要轻易发誓

俾隆发了无数的誓；他越是发誓，人家越是不相信他。（《爱的徒劳》）

不要随便发誓；一次背誓以后，什么誓都是靠不住的了。（《爱的徒劳》）

你的誓言是匆忙发出的，你的理智未必愿意坚持它。如果这类誓言也代表明确的意志的话，整个世界都会毁灭。（《两个高贵的亲戚》）

发誓，就是支取自己的信用额度。“君子一言，驷马难追”（《论语·颜渊》）。一个人如果言而无信，就会像《狼来了》的故事中的孩子一样，再也得不到大家的信任了。君子慎言，不要轻易承诺你做不到的事，也不要轻易允诺你将要做什么事。

良心的监督

人若是有了良心，就不免胆小怕事。你要盗窃，它会告你；你要赌咒，它会拦你；你要跟邻居的老婆睡觉，它会揭发你。良心是个羞羞答答、腼腼腆腆的妖精，老在人心里兴风作浪，设置障碍。它有一回还让我把偶然拾来的一袋金币还给了失主。（《理查三世》）

用良知行事的人，心中有一把道德的尺子，总会行走在正确的道路上。

口碑在人

口碑在人，胜载史乘。（《理查三世》）

《左传·襄公二十四年》云：“大上有立德，其次有立功，其次有立言，虽久不废，此之谓不朽。”一个人，活着要书写生活，死后要被生活书写。我们毕竟活过，总要留给这个世界一些念想。无论立德、立功还是立言，都源于当下。我们今天的口碑，是未来历史对我们的书写。口碑在人，既在他人，更在自己。

种瓜得瓜

流血夺来的，应该让他们流血失去。（《理查三世》）

《涅槃经》云：“种瓜得瓜，种李得李。”意为因果相循，毫厘不爽。《圣经·申命记》亦云：“以眼还眼，以牙还牙，以手还手，以脚还脚。”凡不义得来的，必不义失去；凡流血夺来的，必流血失去。所以，要使我们所拥有的每一个事物，都是纯粹的，来自于劳动，来自于坚忍和拼搏，来自于“君子爱财，取之有道”（《增广贤文》）。

散播慈悲

慈悲不是出于勉强，它是像甘霖一样从天上降下尘世。它不但给幸福于受施的人，也同样给幸福于施予的人。它有超乎一切的无上威力，比皇冠更足以显出一个帝王的高贵：御杖不过象征着世俗的威权，使人民对于君上的尊严凛然生畏；慈悲的力量却高出于权力之上，它深藏在帝王的内心，是一种属于上帝的德行。执法的人倘能把慈悲调剂着公道，人间的权力就和上帝的神力没有差别。……我们既然祈祷着上帝的慈悲，就应该自己做一些慈悲的事。（《威尼斯商人》）

假如你希求怜悯却藏起自己的慈悲，
别人也就会学你的样子对你横眉冷对。（《莎士比亚十四行诗》第142首）

慈悲源于内心。“赠人玫瑰，手有余香”，慈悲通过传递，才能返诸自身。

用爱看世界

头眩的人以为整个世界都在旋转。（《驯悍记》）

一朵玫瑰，孩子们看到的是多彩的颜色，红色的、蓝色的、白色的；爱人看到的是疯狂的热恋或分手时的遗恨。我们都是从自己的小小眼睑观看世界的。内心有光，世界也便有了光；内心有爱，世界也便有了爱。很多时候，我们需要的只是用爱的眼光看世界，或者，让世界用爱的眼光看我们。

慈悲与爱

爱是真正的慈悲，但慈悲并非真正的爱。（《爱德华三世》）

慈悲不是姑息，过恶不可纵容。（《量罪记》）

对杀人的凶手不能讲仁慈，否则就是鼓励杀人了。（《罗密欧与朱丽叶》）

罪恶的行为，要是姑息纵容，不加惩罚，那就是无形的默许，既然准许他们这样做了，现在再重新责罚他们，那就是暴政了。（《量罪记》）

对罪恶的无端宽容，就是对善良的恶意抨击。爱与慈悲，要用在值得被爱和怜悯的事物上。对错误的爱，对不义的慈悲，只能通达更大的错误和更大的不义。

不要让人感到畏惧

人们对于他们所畏惧的人，日久之后往往会心怀怨恨。（《安东尼与克莉奥佩特拉》）

与狮子相比，人们更愿意和羚羊亲近。做个温和的人，不以威严、权势、富贵、知识使人感到恐惧，才能给人如沐春风之感，才能收获更多的友谊。

因爱而惧

这件事会使人对你因惧而爱，

而幸福之君总应使人因爱才惧。（《露克丽丝遭强暴记》）

佛经《妙色王求法偈》云："由爱故生忧，由爱故生怖，若离于爱者，无忧亦无怖。"父母、爱人、朋友，他们畏惧我们，不是因为我们的权势、金钱，而是缘于他们对我们的爱。爱使他们害怕伤害我们。人生的幸福，爱人，被人爱。被人爱的人，是幸福之君。

主动退让

约翰为了不让亚瑟要求全部权利，便自愿放弃了一部分权利。（《约翰王》）

我给那些国王的最佳忠告是：别拖延到迫不得已的时候才投降。因为自愿接受的惩罚总要少些羞辱，比劈头盖脸的斥责好受一些。（《爱德华三世》）

在他们还有力量阻挠你的时候，你要是少向他们矜夸一些意气，也可以少碰上一些逆意的事。（《科利奥兰纳斯》）

洪水袭来，与其拦截阻塞，不如适当加宽河床，加以疏导。人在顺境时，要得饶人处且饶人，不可将别人逼入险境，使其有冒死一搏、置之死地而后生的勇气；人在逆境时，应具有“退一步海阔天空”的胸怀，切勿强求自己一时无法得到的东西。人生有逆顺，学会宽容别人，也学会宽容自己，既是生活的智慧，亦是人生的捷径。

和事佬

我知道有一场七个法官都处断不了的争吵，但当争吵的双方自个儿碰到一块时，其中的一个单单想起了“假如”两字，例如“假如你这样说，那么我也这样说”，于是两人便彼此言和，称兄道弟起来了。“假如”是唯一的和事佬，“假如”之为用大矣哉！（《皆大欢喜》）

古语云：“退一步海阔天空。”犹如两人行路，狭路相逢，若双方各自退让，何来狭路！

切勿过度贪求

工匠的活儿已经圆满却还要去加工，终不免因过分贪求而糟蹋了技艺。文过饰非只会加重过失，小小的破绽打上补丁反倒比以前更为难看。（《约翰王》）

《论语》云：“过犹不及。”人生有时需要收敛欲求，追求适度。沿山野行走，行至边缘，犹不驻足，就会人临深渊、悬崖失马。

学会宽恕

我宽恕一切人。那些无数对不起我的事情，没有我不能谅解的。我不让黑色的怨恨建造我的坟墓。（《亨利八世》）

没有人能够伤害我们，除非这些伤害来自于我们自己。我们常常为别人的错误买单。当别人大笑着离开时，我们还在纠结于他们伤害我们的话。就这样，我们承受着双重的伤害。生活中，我们不可能避免第一次伤害，但可以避免第二次，那就是学会宽容，学会调试自我。这样，才能从失败者的行列中走出来，走出一个全新的自我。

学会聆听

公爵夫人：灾难为什么会有满肚子的话？

伊丽莎白王后：滔滔不绝的律师讲述他当事人的忧伤，分文未得的继承人讲述没到手的欢乐，贫穷的演说家讲述他们的痛苦，都该让他们讲个够，因为虽然于事无补，却可以让他们心里痛快。（《理查三世》）

古希腊哲学家亚里士多德在《诗学》中提出了悲剧艺术效果的“卡塔西斯”说，即艺术能使人的情感得到净化和宣泄。我们走进剧院前都是一个压制自我的疯子，而当我们走出剧院后，我们又成为一个平和温顺的好人。无论是王侯贵胄，还是贩夫走卒，人生处处充满压力，每个人都需要寻找一个情感的宣泄口，求得情感的平衡。所以，为自己安装一双善于倾听的耳朵吧，当亲人、朋友，抑或陌生人向我们倾诉时，做个安静的听众。他们的悲喜，通达我们的静默，而后终归于平和。

学会协作

我们说一个人手脚脑袋各有其力量，可活动起来却还是一个人，归结为一个人的协作力量。（《爱德华三世》）

“一根筷子，轻轻被折断；十根筷子，牢牢抱成团”（《众人划桨开大船》歌词），团结是一种无坚不摧的力量。《汉书·游侠传》云：“鸡鸣狗盗，无不宾礼。”所谓“尺有所短，寸有所长”（《楚辞·卜居》），在集体中，我们不应该轻视别人，而应该各自发挥所长，共同为集体出谋划策、添砖加瓦。

学会节制

过度的饱食有伤胃口，毫无节制的放纵，结果会使人失去了自由。正像饥不择食的饿鼠吞咽毒饵一样，人为了满足他的天性中的欲念，也会饮鸩解渴，送了自己的性命。（《量罪记》）

给一个在奋斗中的人以帮助而不是成功，这是恰当的，轻易得来的成功既委屈了他奋斗的价值，又摧毁了他奋斗的理念。过度的给予，犹如过多的食物，对人也是一种戕害。同时，不要为没有价值的东西付出过多的代价。一时的欢娱，恰如饥不择食的老鼠吞噬毒饵，换来的是一世的痛苦，这是最愚蠢的交换。

抑制罪恶

人不过是他自己的叛徒。正像一切叛逆的行为一样，我们眼看着自己的罪恶成长，却不去抑制它，让它干下了不可收拾的事，以致身败名裂。（《终成眷属》）

古语云：“小时偷针，大时偷金。”语句虽然鄙俗，道理却很深刻。卡夫卡也说，人身上依附的小魔鬼多了，大魔鬼才会在内心坐定。所以，抖落掉身上的小魔鬼，大魔鬼才能从我们心中被祛除出去。

不要滥用权力

有着巨人一样的膂力是一件好事，可是把它像一个巨人一样使用出来，却是残暴的行为。（《量罪记》）

上天是慈悲的，它宁愿把雷霆的火力，去劈碎一株槎枒壮硕的橡树，却不去损坏柔弱的郁金香。可是骄傲的世人掌握到暂时的权力，却会忘记了自己琉璃易碎的本来面目，像一头盛怒的猴子一样，装扮出种种丑恶的怪相，使天上的神明们因为怜悯他们的痴愚而流泪。（《量罪记》）

美国总统布什在一次演讲中阐述了这样一种观点：人类几千年历史的最伟大之处在于，把权力者关进了牢笼。权力是把双刃剑，它使弱小者变得强大，而最糟糕的是，当这个弱小者挥舞着权力之剑向更弱小者头上砍去时，这个弱小者忘记了自己也曾是弱小者。我们应该把这样的权力者关进铁铸的笼子中。

正义的暴力

不要以为自恃正义，便可以伤害他人。如果那是合法的，那么用暴力劫夺所得的财物拿去布施，也可以说是合法的了。（《特洛伊罗斯与克瑞西达》）

不要打着正义的幌子去做不义的事情，如果正义只是针对他人而不针对自我，那么，它就不是正义的。只对别人的正义是种暴力。

异教徒与被烧死者

生起火来的人才是异教徒，而不是被烧死者。（《冬天的故事》）

口中喊着慈悲，手中却拿着屠刀，面对弱者，毫不犹疑地砍下去，这样的人才是真正的刽子手。所以，不要看一个人说了什么，而要看一个人做了什么。一个人不管宣扬多么崇高的理念，只要他做的是坏事，他就是崇高理念的败坏者。

不要讲排场

难道我不曾目睹那些租借表面排场的人，
赔尽了血本仍抵不住租金的高昂？（《莎士比亚十四行诗》第125首）

吕良伟主演的电影《上海皇帝之雄霸天下》中的陆月生说，人生有三碗面最难吃，即人面、情面和场面。面之所以难吃，就在于“盛名之下，其实难副”（《后汉书·黄琼传》）。一个只讲排场的人，是在透支自己的财富，透支自己的未来，是在用树枝为自己营造一座无法经历风雨的房屋。

合度的情感

一切严肃的事物，是应该适用于严肃的情境之下的。怎么一回事？无事而狂欢和为了打碎玩物而痛哭，这是猴子的喜乐和小儿的悲哀。（《辛白林》）

合理的生活，需要合度的情感。大喜大悲，常生患得患失之心；大起大落，常有人生枯荣之感。无事而狂欢，是自我的迷醉；为打碎的玩物而痛哭，则是对物的迷恋。我们不是太看重自我，就是太看重我们所拥有的。我们给它们贴上失当的情感标签，我们便迷失了情感的向度。情感失态，人生失衡。

不要发脾气

发脾气的人难免盲目，眼睛充血带上了想象，有时就失之偏颇。（《约翰王》）

《老子》云：“天欲其亡，必令其狂。”一个疯狂中的人、一个易发脾气的人，会在一瞬间崩溃平静时的自我、坍塌静默时的基石，他犹如旷野中的李尔王，在暴雨和厉风中癫狂。癫狂之于疯子，恰如妊娠之于女人，一个乱发脾气的人，不是伟大的天才，而是生活中自毁长城的懦夫。学会驾驭内心的野马，做个平和的人，需要多大的勇气啊！

不要急躁

绵绵细雨飘洒不已，急风暴雨转眼便收。纵马奔驰总容易疲倦，狼吞虎咽难保不会哽咽。（《理查二世》）

对生命、对生活我们都应秉持一种平和的态度。饮食太盛，易伤脾胃；激情太过，常毁神思。同样，一个人也不易长期沉迷于负面情绪中。消极太盛，易伤意志；颓废既久，终归落寞。生命是一条长长的路，我们应该平和地走在这条路上。赏花听雨，伏案读书；安心地工作，静静地休息。张弛有度的人生，才能体味生活之美。

杜绝谣言

谣言是一只风笛，吹响它的是臆测、妒忌和猜想。（《亨利四世》下篇）

战国时期楚国人宋玉《风赋》云：“枳句来巢，空穴来风。”谣言之所以兴起，不唯在于散布谣言者，更在于听信谣言者。离间者，无间处不可离。我们与朋友，心有罅隙，才会听信谣言；我们与爱人，心怀猜度，才会互生嫌隙。《荀子·大略》云：“谣言止于智者。”智者，自会心有磐石，不为微风所动。

杜绝嫉妒

像空气一样轻的小事，对于一个嫉妒的人，也会变成天书一样坚强的确证。也许这就可以引起一场是非。（《奥赛罗》）

善妒的人，拿着显微镜去观察别人，等他发现一丁点儿的不足，便又用放大镜夸大到无以复加的地步。善妒的人，他只看到别人身上的缺点，却看不到自己身上的刺。我们即使安静地待在自己的角落，也无法避免善妒的人带着自身的刺走向我们。为了不被伤害，请关上门，等善妒的人拔掉自身的刺，才准许他们进来。

不要招惹是非

既然平安无事，就别再惹事了。狼既睡着了，就别去惊醒它了。（《亨利四世》下篇）

谁把手伸进染缸里，不过是弄脏了自己的手。为了省些麻烦起见，要是你们碰见一个贼，顶好的办法，就是让他使出他的看家本领来，偷偷儿地溜走了事。（《无事生非》）

很多情况下，烦心事是自我招惹的。和人争吵，本来已经各自收兵，却偏偏在别人转头离开的一瞬，逞一时口舌之快，说出过激的言语，引发新的争吵。争吵如是，其他亦如是。不招惹无端的是非，才能走得轻松，活得愉快。

不要怨天尤人

人们最爱用这一种糊涂思想来欺骗自己。往往当我们因为自己行为不慎而遭逢不幸的时候，我们就会把我们的灾祸归怨于日月星辰，好像我们做恶人也是命运注定，做傻瓜也是出于上天的旨意，做无赖、做盗贼、做叛徒，都是受到天体运行的影响，酗酒、造谣、奸夫淫妇，都有一颗什么星在那儿主持操纵，我们无论干什么罪恶的行为，全都是因为有一种超自然的力量在冥冥之中驱策着我们。（《李尔王》）

卡夫卡写道："客观的无用能够让人掩盖手段的无用。"（《第三本八开本笔记》）当我们不敢正视自我的怯懦时，我们是多么善于将之归咎于与我们自身无关的一切啊，诸如草木山河，诸如日月星辰，诸如生不逢时，等等！

不要为打翻的牛奶而哭泣

我相信避免已经起来的祸患，比追问它的起因要安全得多。（《冬天的故事》）

智者不会坐下来为失败而哀号，而是要意气风发地寻求挽救之策。（《亨利六世》下篇）

智慧的人从不坐在地上哀叹自己的不幸，而是立即堵塞痛苦的来源。（《理查二世》）

与其为失去的去追悔，不如为到来的做准备。

不要为骂街的人浪费时间

你的大话就说到这里，请转身回去吧！我们不为难你。我们承认你骂街的本领比我们强。再见吧！我们认为时间太宝贵了，不值得花在一个骂街的人身上。（《约翰王》）

一首《时间都去哪儿了》传唱大江南北。是啊，时间都去哪儿了呢？当我们为小事和别人争吵的时候，当我们把时间都浪费在无关紧要的琐事上的时候，我们才会深切地认识到：我们为不值得的东西付出了太多。

生活的精致

不要讲什么需要不需要，最下贱的乞丐，也有他的最不值钱的多余之物，不让自然享有满足自然需要以外的东西，人的生活将和畜类一样卑贱。（《李尔王》）

卡夫卡说：“装饰艺术是一种训练方法，文明开化的人用这种方法向自己身上的类人猿进攻。”我们每一个人并不仅仅为面包而活着，有时候，我们更为面包的理念而活着。不管富有或贫贱，我们每个人内心深处都应有一座精神的城。

养成好习惯

习惯虽然是一个可以使人失去羞耻的魔鬼，但是它也可以做一个天使，对于勉力为善的人，它会用潜移默化的手段，使他弃恶从善。（《哈姆雷特》）

佛家常劝人日行一善，这背后大有深意：在惯常的行为中，佛性已氤氲全身，溶于血脉了。习惯是我们思维和行动的模式，养成好的习惯，就是营造了一座坚固的人生城堡。风雨可以斑驳城堡的墙壁，但是，筋骨还在，人生还在。习惯是生命的筋骨。

认准方向

就像是建筑在别人地面上的一座华厦，因为看错了地位方向，使我的一场辛苦完全白费。（《温莎的风流娘儿们》）

人生最大的错误是极其认真地去做一件错误的事。你付出的越多，你得到的越少。在别人家的地基上建筑楼阁，楼阁建造得越好，越与你无关。所以，成功不仅关涉努力与否，更与你努力的方向须臾不离。

抓住机遇

每个人生命中都有一段历史，它能表现过去时代的性质。谁若能观察到这一点，就可以大体准确预言生活中尚未出现的重要机遇。这种机遇当时还是才绽嫩芽的种子，并不受人珍惜。（《亨利四世》下篇）

英国来华传教士李提摩太写道："人在卑微未显时，不可绝望。"（《亲历晚清45年：李提摩太在华回忆录》）人生犹树，是一个播种、耕耘、收获的累积过程。时刻努力、时刻精进，今天播下的种子，就是明天的参天大树。种子就是希望，就是我们未来的机遇。

爱是勤奋之源

我们对于心爱的工作，总是一早起身，踊跃前趋的。（《安东尼与克莉奥佩特拉》）

明天早上跟云雀同时起身。（《理查三世》）

有这样一句话："每天早上，叫醒我们的不是闹钟，而是梦想。"我们爱我们的梦想，所有通达梦想的，我们都爱。爱，是动力，是勤奋之源。

乐趣是最好的益处

您和相识的人日常谈话，不妨运用逻辑和修辞；音乐和诗歌可以激扬您的生气；有兴味的时候，也可以研究数学和形而上学。没有乐趣就不能得益。总之，少爷，您要拣您最喜欢的东西研究。（《驯悍记》）

“乐趣不在人们手中，就在人们眼里。”（蒲柏）一件事，只有心向往之，才能景行行止；只有景行行止，才能有所裨益。

侏儒与巨人

我们宁愿重用一个活跃的侏儒，也不要一个贪睡的巨人。（《特洛伊罗斯与克瑞西达》）

爱因斯坦的质能等价方程式为：$E=mc^2$。物体的能量不在于它本身所蕴涵的质量，而在于它被激发的质量，因此，一个沉睡的巨人，不比一个活跃的侏儒更有价值。

行动的矮子

一个人要是在他生命的盛年，只知道吃吃睡睡，他还算是个什么东西？简直不过是一头畜生！上帝造下我们来，使我们能够这样高谈阔论，瞻前顾后，当然要我们利用他所赋予我们的这一种能力和灵明的理智，不让它们白白废掉。现在我明明有理由、有决心、有力量、有方法，可以动手干我所要干的事，可是我还是在说一些空话，“我要怎么怎么干”，而始终不曾在行动上表现出来。我不知道这是因为像鹿豕一般的健忘呢，还是因为三分懦怯一分智慧的过于审慎的顾虑。（《哈姆雷特》）

成功学之父卡耐基说过，智慧往往只装在我们的心里，却从不表现在我们的手上。当我们夸夸其谈的时候，当我们无所事事的时候，我们进行着语言的狂欢，实质却是行动的矮子。我们辜负了自然界的草木山河，也辜负了自然赋予我们的钟灵神秀。我们是一路丢却自我价值的痞子。

想到做到

想做的，想到了就该做，因为旁人弄舌插足、老天节外生枝，这些都会消磨延宕想做的愿望和行动。该做的事情一经耽搁就像那声声感慨，越是长吁短叹，越会销蚀人的精力和志气。（《哈姆雷特》）

事须三思而行，所谓谋定而后动，大抵不错。然而，打定了主意，却还在自我反复的人，大概是不会成功的。机会如白驹过隙，失却了就再也不会回来了。有时候，我们都需要一场毫无征兆的旅行，心动身动。省略中间的抉择，才能更快地通达归程。

在困难中坚守

阿伽门农：人们在被命运眷宠的时候，勇、怯、强、弱、愚、贤、不肖，都看不出什么分别来。可是一旦为幸运所抛弃，开始涉历惊涛骇浪的时候，就好像有一把强大有力的扇子，把他们分开来，柔弱无用的都被扇去，有毅力、有操守的却会卓立不动。

涅斯托：在命运的颠沛中，最可以看出人们的气节：风平浪静的时候，有多少轻如一叶的小舟，敢在宁谧的海面上驶过，和那些载重的大船并驾齐驱！可是一等到风涛怒作的时候，你就可以看见那坚固的大船像一匹凌空的天马，从如山的雪浪里腾跃疾进；那凭着自己单薄脆弱的船身，便想和有力者竞胜的不自量力的小舟呢，不是逃进了港里，便是葬身在海神的腹中了。表面的勇敢和实际的威武，也正是这样在命运的风浪中区别出来：在和煦的阳光照耀之下，迫害着牛羊的不是猛虎，而是蝇虻；可是当烈风吹倒了多节的橡树，蝇虻向有荫庇的地方纷纷飞去的时候，那山谷中的猛虎便会应和着天风的怒号，发出惊人的长啸，正像一个叱咤风云的志士，

不肯在命运的困迫之前低头一样。（《特洛伊罗斯与克瑞西达》）

患难可以考验一个人的品格。非常的境遇方可显出非常的气节。风平浪静的海面，所有的船只都可以并驱竞胜。命运的铁拳击中要害的时候，只有大智大勇的人才能处之泰然。（《科利奥兰纳斯》）

唐李世民《赠萧禹诗》云："疾风知劲草，板荡识诚臣。"意思是说，困难是人生的磨砺石。能经受困难的洗礼，才能成就非凡的人生。

善始善终

单单把软弱无力的人扶起来是不够的，还必须照顾才是。（《雅典的泰门》）

巨木起始于微小，经过我们的辛勤培育，茁壮成长，才能长成参天大树。一颗种子，仅仅丢在土壤中，是不会成为栋梁之木的；一件事情，仅仅有良好的开端还不够，它更需要良好的结束。善始善终，方为完满。

不要轻易后退

向后退的人常因为他们胆小或懒惰而落到接近水底的地方。（《暴风雨》）

人们常说，退一步海阔天空，这并不意味着无谓的后退。自己有百步，退一步于人，是一种境界；自己有两步，退一步于事，无疑将自己置于无路可退的地步。虽说，在深渊边、悬崖边，破釜沉舟，背水一战，也许能够求得一线生机。但君子不临险境，与其拼力厮杀方得周全，何如日常精进，步步为营，于闲庭信步中取胜？临时抱佛脚，终不如日进一步。人生，不要轻易后退。

顺境而行

世上的起伏本来是波浪式的，人们要是能够趁着高潮一往直前，一定可以功成名就，要是不能把握时机，就要终生蹭蹬，一事无成。（《裘利斯·恺撒》）

路遥在自己的中篇小说《人生》中曾引用著名作家柳青的话写道："人生的道路虽然漫长，但紧要处常常只有几步，特别是当人年轻的时候。"生活中，我们常常吟咏司马迁《报任安书》中的名言："盖西伯拘而演《周易》；仲尼厄而作《春秋》；屈原放逐，乃赋《离骚》；左丘失明，厥有《国语》；孙子膑脚，《兵法》修列；不韦迁蜀，世传《吕览》；韩非囚秦，《说难》《孤愤》；《诗》三百篇，大抵圣贤发愤之所为作也。"似乎逆境才能成就自我，把握逆境才是人生的关键。殊不知，"好风凭借力，送我上青云"（曹雪芹《红楼梦》），把握顺境亦是人生成功的圭臬。

不要坐井观天

赛巴斯蒂安：活生生的木偶戏！现在我才相信世上有独角兽，阿拉伯有凤凰所栖的树，上面有一只凤凰至今活着。

安东尼奥：这两样我都相信。要是此外还有什么难以置信的东西，都来告诉我好了，我一定发誓说那是真的。旅行的人决不会说谎话，足不出户的傻瓜才嘲笑他们。（《暴风雨》）

很多时候，我们常囿于自身的识见作出错误的判断，比如，在没有见到菠萝栽植于地上的时候，不少人一直以为它生长在树上。我们多么善于根据自己的常识去对别人的常识进行判断啊！所以，不要坐井观天，也不要轻言对错；要增闻广识，要充实自我。

换个角度看问题

史比特：牧羊人寻羊，不是羊寻牧羊人；可是我找我的主人，不是我的主人找我，所以我不是羊。

普洛丢斯：羊为了吃草跟随牧羊人，牧羊人并不为了吃饭跟随羊；你为了工钱跟随你的主人，你的主人并不为了工钱跟随你，所以你是羊。（《维洛那二绅士》）

“横看成岭侧成峰，远近高低各不同”（苏轼《题西林壁》），对于同一个事物，“自然！有人看作坟墓，有人看作生命和光”（波德莱尔《恶之花·痛苦之炼金术》）。所以，失败，也许是另一种成功的方式；离别，只是为了他日别样的重逢。

从恶中开出美的花朵

万能的上帝啊！在罪恶的事物当中也有美好的精华，只要人们善于细心地把它提炼出来，就像坏邻居可以促使我们早早起床，这既有益于身体，又节约了时间。此外，他们还可以充作我们外界的良心，做我们大家的牧师，告诫我们要像模像样地为我们的死亡做好准备。这样，我们就能从杂草里采集到蜜，从魔鬼那里取得道德教训。（《亨利五世》）

优秀的人，为成功提供了范例；失败的人，却为成功提供了教训。与好坏善恶同行，以好坏善恶为镜，“择其善者而从之，其不善者而改之”（《论语·述而》）。生活并不总是充满阳光，从消极中看到积极，从恶中看到美，才能坦然面对愁云惨淡、阴云密布的雨季。

两害相权取其轻

你见了一头熊就要避开，可是假如你逃的方向前面是汹涌的大海，你只好面对那头熊了。（《李尔王》）

中国古语云：“两害相权取其轻。”意思是说，当我们面对两个不利的事情时，我们应该去做对我们伤害较小的事。人生若处于众矢之的的情境，用手臂远胜于用心脏去迎接箭镞。心脏对我们更重要！

难得糊涂

唉！倒是糊涂些好！……酒杯里也许浸着一个蜘蛛，一个人喝了下去，却不会中毒，因为他不知道这回事；可是假如他看见了这个可怕的东西，知道他怎样喝过了这杯里的酒，他便要呕吐狼藉了。（《冬天的故事》）

士兵向将军报告军情，一个好消息，一个坏消息。将军："那个坏消息，能改变过去和未来吗？"士兵："不能。"将军："那么你只需要告诉我好消息就行了。"在某种程度上，这是一位睿智的将军，坏消息也许会影响他的心情。对于生活中那些不能改变的错事，轻轻放过又何妨？人生难得糊涂，有时候，给自己留条窄路，容自己的灵魂侧身通过。

向前一天学习

每过一天，都要向头一天拜师学习，到了最后一天，更是把以前所有的奇迹汇成洋洋大观。（《亨利八世》）

今天听雨，明天看云，人生的每一天都充满不同，都有不同的体验和感悟。一路行走，一路采撷，一路择取，一路丰盈。丢却无益的虚妄，拾取人生的真谛，人生才会涓流成川，才会巨河奔流。

未雨绸缪

天上起了乌云，聪明人就披上外衣。大片的树叶飘落，冬天就在眼前；太阳落了山，谁会不知道黑夜降临？风暴违背时令，大家也都估计会歉收。（《理查三世》）

冬天到来之前蚱蜢就是这样过快活日子的，可一到冰冻严寒咬住它那满不在乎的脑袋时，它就后悔也来不及了。等到天快要下雨才忙着找雨衣的人，因为马虎大意，说不定就突然给淋成了落汤鸡。我们是携家带口的，有一大家子人，总得预先防着点，以免临时抓瞎。（《爱德华三世》）

《诗经·豳风·鸱鸮》云：“迨天之未阴雨，彻彼桑土，绸缪牖户。今此下民，或敢侮予！”意思是说，应该趁天晴时候，用桑根的皮把巢的缝隙修补好，使巢更加牢固，这样，才不怕人的侵害。《黄帝内经·素问》云：“夫病已成而后药之，乱已成而后治之，譬犹渴而穿井，斗而铸锥，不亦晚乎！”意思是说，病已养成，再去治疗，为时已晚。明朱柏庐《治家格言》合此二意而称："宜未雨而绸缪，毋临渴而掘井。"可见，提前做好准备的人，才能有备无患。

防微杜渐

盲目的恐惧有明眼的理智领导，比之凭着盲目的理智，毫无恐惧地横冲直撞，更容易找到一个安全的立足点。倘能时时忧虑着最大的不幸，那么在较小的不幸来临的时候，往往可以安之若素。（《特洛伊罗斯与克瑞西达》）

忽略了应该做的事，往往会引起危险的后果，这种危险就像寒热病一样，会在我们向阳闲坐的时候侵袭我们的身体。（《特洛伊罗斯与克瑞西达》）

小火容易扑灭，如果任其发展，一河之水也难将它浇灭了。（《亨利六世》下篇）

南朝沈约《宋书·吴喜传》云："且欲防微杜渐，忧在未萌。"《韩非子·喻老》亦云："千丈之堤，以蝼蚁之穴溃；百尺之室，以突隙之烟焚。"其都道出了防患于未然的道理。小错易改，大错难纠。不要放过小事，才能成就大事。

辨别真假

魔鬼为了陷害我们，往往故意向我们说真话，在小事情上取得我们的信任，然后我们在重要的关头便会堕入他的圈套。（《麦克白》）

卡夫卡在日记中写道："一个大魔鬼在他内心坐镇下来，于是无数较小的魔鬼纷纷前来为大魔鬼效劳。"（《第三本八开本笔记》）可是，一个大魔鬼是如何轻易闯入我们的心湖的？是否在某一个瞬间，你被游戏的乐趣所吸引？是否在某一个瞬间，你被灯红酒绿的迷幻所吸引？就这样，大魔鬼借助小魔鬼战胜了我们。某人，第一次还你借给他的 1 元钱；第二次还你借给他的 10 元钱；第三次，他有没有还你借给他的 1000 元钱呢？答案是不可知的。他们是多么善于用表面的诱惑和背后的深渊摧毁我们啊！辨别真假，才能成就大人生。

外观和实质

外观往往和事物的本身完全不符，世人却容易为表面的装饰所欺骗。（《威尼斯商人》）

我们不能凭着自己的成见，从外表上判断一个人的内心。（《泰尔亲王配力克里斯》）

造化给了他们一双眼睛，让他们看见天宇和海中陆上丰富的出产，使他们能够辨别太空中的星球和海滩上的砂砾，难道我们不能用这样宝贵的视力去分辨美与丑吗？（《辛白林》）

然而我的眼睛还缺乏更高的才能：
能画目之所见，却难画心之所藏。（《莎士比亚十四行诗》第 24 首）

我们用眼睛观看，用心灵去体验。爱人、友情、事业和诱惑，用心去体验，才能剥离华丽的外表，看穿内在的美与丑。

愚蠢的勇气

当一幢房屋坍下的时候而不知道趋避，这一种勇气被称为愚笨。（《科利奥兰纳斯》）

一个人应该理智地运用自己的优势。陡坡行车，如果用力向下拖着车子，力量大反而是一种劣势。人也不应该凭借优势，做不可思议的事情，比如，与天地比岁月，与河流比容量，与星辰比久远。优点要和理智联辔而行，才能好钢用在刀刃上，发出锋利的光芒。否则，人生就是一场愚蠢的游戏，力量越大，才能越大，勇气越大，就越愚蠢。

困境求助

您现在已经迷了路，要是您想到达您的目的地，您必须用温和一点的态度向人家问路。（《科利奥兰纳斯》）

《周易·系辞下》：“尺蠖之屈，以求信也。”信，伸也。有时，只有弯曲才能求得伸展。歧路问途、困境求助，既是一种勇气，也是生活的智慧。

真正的勇敢

真正勇敢的人应当能够智慧地忍受最难堪的屈辱，不以身外的荣辱介怀，用息事宁人的态度避免无谓的横祸。要是屈辱可以使我们杀人，那么为了气愤而冒着生命的危险，是一件多么愚蠢的事！（《雅典的泰门》）

我们是否为了一点小事，而和最亲密的朋友一刀两断？是否在大街上为争到一秒钟的先行，而和路人唇枪舌剑？我们为琐事付出了过多的代价。最勇敢的人，也应该尽量避免灾难，而不是去努力招惹麻烦。

动物的伟大

禽兽都喂养它们的小崽，它们很怕人，但是为了保护幼仔，谁没见过它们用翅膀，用它们飞行的翅膀，不顾生死地和爬到鸟巢的人搏斗来保护后代呢？（《亨利六世》下篇）

是一只鹈鹕，父王，用它弯曲的嘴甲啄开胸脯，用从它心房流出的鲜血哺育它的雏鸟。它的格言是："汝当亦如是。"（《爱德华三世》）

动物是伟大的，它们以母性来与这个世界周旋。如果我们爱我们的母亲，那么也请爱动物的母亲，爱它们的幼崽。

善待动物

被我们践踏的一头无知的甲虫，它肉体上的痛苦，和一个巨人在临死时所感到的并无异样。（《量罪记》）

对不起，马呀！你既然天生会畏惧人，天生要挨打受气，我怎么能够骂你呢？我生来并不是马，可是还得像驴似的驮着重负，受波令勃洛克踢刺、折磨和驱赶！（《理查二世》）

德国哲学家尼采在《查拉图斯特拉如是说·苍白的罪犯》中写道："你们这些法官和祭祀者，你们不想在动物低头以前杀戮吗？你们瞧，苍白的罪犯低下了头，他眼中的伟大轻蔑地说话了。"一只鹈鹕的格言是"汝当亦如是"，当我们试图杀戮一只动物时，我们眼中伟大的轻蔑也应该说话。

第五章

生活的智慧

奥地利小说家卡夫卡写道："我们处于午夜的寂静之中，然而只需我们向东方或西方转过身去，我们经历的便是日出和日落。"（《笔记本和散页中的断简残篇》）一个人处在困境中，需要生活的智慧照亮前方之路。有智慧的人，能从困境中看到希望的种子；无智慧的人，却只看到绝望的死亡。莎士比亚也阐明了同样的道理。在《皆大欢喜》中，被流放到森林中的长公爵，在荒野中看到的不是王权旁落、富贵东流，而是溪流漱石、密林鸟音。在《爱的徒劳》中，莎士比亚告诫我们："美的东西不会引诱人背信弃义。"当一个事物，你必须用不正当的手段得到时，比如一个爱人、一个职位，那么这个事物对于我们来说就是恶的。美与恶，不仅取决于事物本身，还取决于它与我们的关系。人类的情感是共通的，关于人生，我们有相同的体悟；关于生命，我们有相同的睿智。希望这份体悟和睿智，能伴我们一路前行。

参悟生死

死跟活一样，都很平常。我们虽选择这一个，实际却在追求另一个，因为我们从出生之时起就在跟踪着死亡，寻找着死亡的时刻。我们初则含苞，继而开放，然后结子，紧接着便凋谢，我们像影子追随着形体一样追随着死亡。既然如此，那为什么还害怕死亡呢？而且，即使害怕，又能逃避得了吗？即使害怕，那害怕也只会帮助我们所害怕的东西更早地抓住我们。如果我们不害怕，就没有什么肯定的力量能改变我们注定的寿命。因为无论是由于成熟，或是由于腐败，我们总是要凋落的，犹如抽中了毁灭的彩票一样。（《爱德华三世》）

人必须忍受他们的离开世界，正像忍受来到世界一样。（《李尔王》）

《圣经·约伯记》中说：“人为妇人所生，日子短少，多有患难。出来如花，又被割下；飞去如影，不能存留……树若被砍下，还可指望发芽，嫩枝生长不息，其根虽然衰老在地里，干也死在土中；及至得了水气，还要发芽，又长枝条，像新栽的树一样。但人死亡而消灭，他气绝，竟在何处呢？”人，必须寻找到另一种内在的生命，才能勇敢地穿越尘世和死亡。这内在的生命，来自麦田和星月，来自火与夜的横亘攻伐，来自苍穹和魂魄。

生活的教训

还有几句教训，希望你铭刻在记忆之中：不要想到什么就说什么，凡事必须三思而行。对人要和气，可是不要过分狎昵。相知有素的朋友，应该用钢圈箍在你的灵魂上，可是不要对每一个泛泛的新知滥施你的交情。留心避免和人家争吵。可是万一争端已起，就应该让对方知道你不是可以轻侮的。倾听每一个人的意见，可是只对极少数人发表你的意见；接受每一个人的批评，可是保留你自己的判断。尽你的财力购置贵重的衣服，可是不要炫新立异，必须富丽而不浮艳，因为服装往往可以表现人格；法国的名流要人，就是在这点上显得最高尚，与众不同。不要向人告贷，也不要借钱给人；因为债款放了出去，往往不但丢了本钱，还失去了朋友；向人告贷的结果，容易养成因循懒惰的习惯。尤其要紧的，你必须对你自己忠实。正像有了白昼才有黑夜一样，对自己忠实，才不会对别人欺诈。（《哈姆雷特》）

生活需要面对各种情况，学一份教训，多一份智慧。总有一天，我们会平和地应付这个世界。

聆听灵魂的声音

月光多么恬静地睡在山坡上！我们就在这儿坐下来，让音乐的声音悄悄送进我们的耳朵。柔和的静寂和夜色，是最足以衬托出音乐的甜美的。坐下来，杰西卡。瞧，天宇中嵌满了多少灿烂的金钹。你所看见的每一颗微小的天体，在转动的时候都会发出天使般的歌声，永远应和着嫩眼的天婴的妙唱。在永生的灵魂里也有这一种音乐，可是当它套上这一具泥土制成的俗恶易朽的皮囊以后，我们便再也听不见了。（《威尼斯商人》）

宇宙可以通达人的内心深处。内心有善、有爱，世界也便有善、有爱。内心有音乐，才能听到叮咚山泉、清音鸟鸣。

美的东西

美的东西不会引诱人背信弃义。（《爱的徒劳》）

常有人询问，是否应该抛弃一段维持了多年的情感？答案是简单的：如果快乐多于烦恼，那么就坚持；如果烦恼多于快乐，那么就放弃。同样，一件事物，如果引诱你背信弃义，那么它就不是美的；一件事物，如果能够坚守你的信仰，那么它就是美的。

我们不可能拥有我们没有的东西

一个天然秃顶的人，就没有一个适当的时机可以恢复他的头发。（《错误的喜剧》）

一个人，不能把幻想寄托在自己所没有的东西上面，否则只能是无根浮萍般的幻梦。你拥有一片土地，才能营造一处庄园；你拥有一副强壮的体魄，才能有充沛的精力去工作。你所拥有的，是你美好未来的基石；而你没有拥有的，你也从不曾失去。

不要为微小的快乐付出沉重的代价

谁愿意以七天的哀哭换一分钟的快乐?
或是出卖永恒的灵魂去买一个玩具?
谁愿意为一串甜葡萄把葡萄藤也砍去?
哪一个痴迷的乞丐只为摸摸王冠,
情愿立即被国王的王杖打翻?(《露克丽丝遭强暴记》)

捡芝麻丢西瓜，并不是一场童话或寓言，而是生活中常见的事情。为了一夕的醉酒，伤害了健康的身体；为了一个空虚的名誉，伤害了朋友；或者，为了一次晋升的机会，伤害了家人。身体、友谊、家人，都是我们不可或缺的生命支柱。“一晌贪欢”（南唐李煜《浪淘沙令·帘外雨潺潺》），往往需要付出沉重的代价。

尊重别人的喜好

人生各有其癖便自然各有其乐，

人人都认为己之所乐为万乐之王。（《莎士比亚十四行诗》第 91 首）

一个人的感情完全受着喜恶的支配，谁也做不了自己的主。现在我就这样回答您：为什么有人受不住一头张开嘴的猪，有人受不住一头有益无害的猫，还有人受不住咿咿唔唔的风笛的声音，这些都是毫无充分的理由的，只是因为天生的癖性……（《威尼斯商人》）

《吕氏春秋·察今》云："人以自是，反以相诽。"每个人都会根据自己的喜怒哀乐去判断别人、指责别人。这点恰如鲁迅在《论"费厄泼赖"应该缓行》一文中所说："偏要以己律人，所以天下就多事。"因此，尊重别人的习惯、别人的喜好，就是尊重自己。

愤怒的迁移

人们在这种情形之下，往往会为了一点点小事而生气，虽然实际激怒他们的却是其他更大的原因。正是这样，我们一个指头疼痛的时候，全身都会觉得难受。（《奥赛罗》）

是什么，让我们对一个小孩子怒吼，难道仅仅是因为他（她）无意中弄脏了自己的衣服？是什么，让我们对自己的爱人怒吼，难道仅仅是因为他（她）没有预备好一份等待我们疲惫归来的饭菜？是什么，让我们对自己的父母怒吼，难道仅仅是因为他们由于苍老而忘记家门的钥匙并把自己锁在了门外？平时的我们，对于他们，是多么平和啊；而此刻的我们，对于他们，是多么无情啊！生活不是一场相互忍耐的游戏，请不要用自己的过错，惩罚家人和朋友。

泪与真诚

泪洗过的脸，是最真诚不过的。（《无事生非》）

鳄鱼流不出真正的眼泪。只有真正痛哭于黑夜的人，才能洞悉生命的价值。泪洗过的不是脸庞，而是心灵。一个能够痛哭的人是有福的，因为，他的内心有一潭灵魂的清泉。

内在比外表更重要

讨老婆不在乎姿色，有良心的女人才值得我去爱她。（《驯悍记》）

只要我们袋里有钱，身上穿得寒酸一点又有什么关系？因为使身体富足的是心灵。正像太阳会从乌云中探出头来一样，布衣服里显出一个人的正直。樫鸟并不因为羽毛美丽而比云雀更为高贵，蝮蛇并不因为皮肤斑斓而比鳗鱼更有用处。（《驯悍记》）

无论是男人还是女人，无论是娶妻还是访客，都有比外表更受欢迎的东西。丈夫会在家门口等待善良的妻子归家，而一个道貌岸然的访客只有在离去的时候才最受欢迎。

不要歧视别人天生的缺陷

在个人方面也常常是这样，有些人因为身体上长了丑陋的黑痣——这本来是天生的缺陷，不是他们自己的过失——或者生就一种令人侧目的怪癖，虽然他们此外还有许多纯洁优美的品性，可是为了这一个缺点，往往会受到世人的歧视。一点点恶癖往往遮盖了高贵的品性，败坏了一个人的名誉。（《哈姆雷特》）

可是神啊，你们一定要给我们一些缺点，才使我们成为人类。（《安东尼与克莉奥佩特拉》）

他自己也无能为力的天生的癖性，你却认为是他的罪恶。（《科利奥兰纳斯》）

天生的癖性和缺陷，不是我们的罪恶。人生的成败既是上苍的赋予，又是自我的努力。如果是我努力不够，请罪责我；如果是上苍的赋予，请宽恕我。要知道，在尘世，我们只有依靠他人的慈悲，才能安然生活。

缺陷也会对人有益

我没有路，所以不需要眼睛。当我能够看见的时候，我也会失足颠扑。我们往往因为有所自恃而失之于大意，反不如缺陷却能对我们有益。（《李尔王》）

《庄子·人间世》云："善骑者坠于马，善水者溺于水，善饮者醉于酒，善战者殁于杀。"人往往失败于自己所擅长的事情上。比如，勇者，恃勇斗狠，难免失于和；强者，恃强凌弱，难免失于德。柔者，可以克刚；弱者，可以胜强。柔弱，可使人知不足而努力进取，有时候，反而成就了自己。

人人各有特色

即使像赫拉克勒斯那样的盖世英雄，要是跟他的奴仆赌起骰子来，也许他的运气还不如一个下贱之人。（《威尼斯商人》）

潘达洛斯：赫克托也有不如特洛伊罗斯的地方。

克瑞西达：不错，他们各有特色，各人都是他自己。（《特洛伊罗斯与克瑞西达》）

没有一个人是完美的，我们都有值得骄傲的地方，也有值得悲伤的地方，这恰如莎士比亚所说："每一个人的好处，他都有一点；每一个人的坏处，他也都有一点。"（《特洛伊罗斯与克瑞西达》）

事物皆有益处

逆境厄运也有它的好处，就像丑陋而有毒的蟾蜍，它的头上却顶着一颗珍贵的宝石。我们的这种生活，虽然远离尘嚣，却可以聆听树木的谈话，溪中的流水便是大好的文章，顽石里面也有古训。每一件事物中，都可以找到这些益处。（《皆大欢喜》）

上帝不会创造任何一个毫无价值的东西。事物的价值不在于它们自身，而在于对它们价值的探寻。顺境如是，逆境亦如是。

身体中的意志

我们的身体就像一座园圃，我们的意志是这园圃里的园丁。不论我们插荨麻、种莴苣、栽下牛膝草、拔起百里香，或者单独培植一种草木，或者把全园种得万卉纷披，让它荒废不治也好，把它辛勤耕垦也好，那力量都来自我们的意志。（《奥赛罗》）

再好的花园，也是由园丁修剪出来的。一个人的意志，是一个人心灵和身体的园丁。它要像园丁修剪花园一样修剪自我，累积善，剥除恶。这样，美好的精神和强健的身体才能和谐统一。

天生的本领

一个人长得漂亮是偶然的运气，会写字、念书才是天生的本领。（《无事生非》）

真正的财富是成长的馈赠。与生俱来的东西，这些都不是自己努力得来的，而读书和写字，可以充实自我，这才是生命的馈赠。

时间是相对的

痛苦的时刻过得多么缓慢，而荒唐嬉闹的时间又过得多么快，显得多么短。（《露克丽丝遭强暴记》）

时光印染了我们自身的色彩。易逝的快乐日子，难挨的痛苦岁月，时间行走的速度，是我们内心情感行走的速度。

时间是因人而异的

时间老人的步伐是因人而异的。我可以告诉你时间老人对于谁是款步而行的，对于谁是连走带跑的，对于谁是大步流星的，对于谁是原地不动的。（《皆大欢喜》）

美国作家威廉·福克纳在小说《喧哗与骚动》中写道：“橱窗里有十几只表，没有一只时间是相同的。”我们每个人都有生命的时钟，我们如何对待它，它也如何对待我们。珍惜时间，就是珍惜自我。

合理利用时间

两位先生，是先教音乐还是先念书，要由我选择。你们这样争先恐后，双重地对不起我。我不是在学校里给先生打手心的小学生，我念书没有规定的钟点，自己喜欢学什么便学什么。为停止吵闹，让我们坐下来。您把乐器预备好，在一边调整弦音，他一面给我讲书。等您调好音，他的书也一定讲完了。（《驯悍记》）

一位做法语导游的朋友告诉我，很多法国友人通常会把旅游时携带的书籍送给她做临别的礼物。法国人有“带本书旅行”的习惯。比如，坐车，有时候一个小时，有时候两个小时，这样的光阴不拿出来读一本书，真是太浪费了。一段时间只做一件事，自然是好，但是如果能同时做好两件事，比如既到达了目的地，又丰富了知识，何乐而不为呢？因为，你得到了双重的报酬。

把握现在

那些已成过去的美绩，一转眼间就会在人们的记忆里消失。只有努力不懈，才可以使荣名永垂不朽。如果一旦罢手，就会像一套久遭搁置的生锈的铠甲，谁也不记得它往日的勋劳，徒然让它的不合时宜的式样，留作世人揶揄的资料。不要放弃眼前的捷径，光荣的路是狭窄的，一个人只能前进，不能后退。所以你应该继续在这一条狭路上迈步前进，因为无数竞争的人都在你的背后，一个紧追着一个，要是你略事退让，或者闪在路旁，他们就会像汹涌的怒潮一样直冲过来，把你遗弃在最后；又像一匹落伍的骏马，倒在地上，下驷的驽骀都可以追在它的前面，从它的身上践踏过去。那时候人家现在所做的事，虽然比不上你从前所做的事，但是你的声名要被他们的所掩盖，因为时间正像一个趋炎附势的主人，对于一个临去的客人不过和他略微握一握手，对于一个新来的客人，却伸开了两臂，飞也似的过去抱住他。欢迎是永远含笑的，告别总是带着叹息。（《特洛伊罗斯与克瑞西达》）

加缪说："对未来真正的慷慨在于把一切都献给现在。"把握住现在，努力于当下，才是最重要的。

现在才是最好的

有一种想法最该受到诅咒：过去、未来都好，只有现在最丑。（《亨利四世》下篇）

过去是贫瘠的，靠想象丰富；未来是温暖的，靠虚拟成就。无论多么贫瘠的过往，我们总能通过回忆，将它们幻化成七彩流云般的逝去日子，仿若那是我们人生最美好的时光；对于未来，我们设想种种美好的场景，设想种种实现的途径和方式。我们躺在过去和未来虚幻的美梦上，却很少努力在当下，很少“领取而今现在”（南宋朱敦儒《西江月》）。我们抱怨当下，却不知，当下才是我们所拥有的一切。

丢掉过去的包袱

已经过去而无能为力的事，悲伤也是没有用的。（《冬天的故事》）

让我们不要把过去的不幸重压在我们的记忆之上。（《暴风雨》）

人要想获得幸福，必须学会，在最好的时光里，懂得珍藏；在最坏的时光里，懂得遗忘。不幸的过往，是精神肌理中的一根刺，要把它融化，才不会在未来的时光里阵痛。

希望与未来

对乐趣怀着希望，其乐趣并不亚于享受乐趣。（《理查二世》）

谁能心想着冰雪的高加索山，便敢把炭火握在手里？谁能凭想象中的盛筵美餐，便疗治辘辘的饥肠？谁能凭设想的夏日炎炎，便敢光着身子在十二月的冰雪里打滚？（《理查二世》）

一个乞讨者，也可以在想象中成为国王，这是一种生活的希望。但是，他不可能真正地按照一个国王的方式去生活，那是对未来的挥霍。生活中，我们总是把未来想象得很美好，似乎，它已经成为不可置辩的现实。于是，我们挥霍今天，认为明天还有更多的时刻；我们过度消费，支取明天的财富。可是，美好的未来，不仅需要想象，更需要不懈的努力。未来，在希望中温存，在奔跑中成就。

保持与失去

永远保持，就会永远失去。（《终成眷属》）

金融法则：资本只有在流通中才能增值。然而，这是一个冒险的历程。人生并不需要孤注一掷，需要的仅仅是，在适当的时候，抓住适当的机遇。没有付出，谈何得到；没有风险，谈何成就。不敢冒险，也是风险。

得到与失去

啊，你天上的魔术师们，你们究竟把我们变成了什么东西！我们为没得到的东西而欢笑，为获得的东西悲痛，仍然几乎是一群孩子。我们只好感谢现有的一切，把自己无法穷究的问题交由神灵去处理，而让自己的悲悼与欢乐随着时间变化。（《两个高贵的亲戚》）

得到和失去，都要听从内心的声音。得到的事物，因为不纯粹而拉扯我们的内心；失去的东西，因为可以给灵魂以舒缓，反而使我们心安。无论如何，不纯粹的东西，切勿去得到，切勿去痛惜。纯粹的东西，才能心安理得地拥有。

失去之后才知道珍惜

我们往往在享有某一件东西的时候，一点不看重它的好处；等到失掉它以后，却会格外夸张它的价值，发现当它还在我们手里的时候所看不出来的优点。(《无事生非》)

我们总是在失去之后才知道我们曾经拥有的是多么珍贵！

罕见的东西才珍贵

若是一年四季都是假日，都可以玩，玩也就跟工作一样沉闷；可是如果假期很少，人们就会盼望它。罕见的东西才最令人高兴。（《亨利四世》上篇）

某些我们不会轻易得到的东西，如一个假期、一场迷醉的爱情、一个温暖的家庭、一个庭院、一个黄昏听雨的场景、一场沁人心脾的音乐会，等等，才会深存于我们的记忆深处。人生不可复制，珍贵的东西不可多得。

深味后才知珍贵

还是让将军去谈论喧嚣的战争，让囚徒去描述黑牢的拘役吧！只有病人最能写出死亡的痛苦，挨饿的人最明白盛筵的美味，受到冰冻的灵魂最懂得火的好处。只有每一种痛苦才懂得与它相反的幸福。（《爱德华三世》）

对别人的痛苦保持敬重，当他们讲述自己的悲痛时，我们需要一双倾听的耳朵和善感的心灵。每个人都有自己独特的失去方式，在饥饿中失去食物，在寒冷中失去温暖，在战争中失去宁静，在黑牢中失去自由，在疾病中失去生命。深味苦痛，才能珍惜美好的生命。

道德的污点

一个心地不纯正的人，即使有几分好处，人家在称赞他的时候，总不免带着几分惋惜。（《终成眷属》）

人生的制高点取决于道德的制高点。道德低，则人生低。

高贵的品德

虽然你的做法有时表现了高贵的品德、勇敢和胆识，使你超群出众，却也表现出暴躁、不礼貌、不懂分寸、矜骄傲慢，只相信自己，瞧不起别人的毛病。一个身份高贵的人只需沾染上一点点这种毛病，便会失去人心，而且使他的种种美德受到玷污，失去他原可得到的称许。（《亨利四世》上篇）

品格的养成，犹如芙蓉出水，一路成长，一路抖落污泥、沉渣，而后亭亭玉立。这样，才能迎接最美好的雨露与阳光。品格的养成，是自我淬炼、去除杂质的过程。如此，才能雕出最好的纯玉。

善恶的区别在于行为本身

穷巷陋室，有德之士居之，可以使蓬荜增辉；世禄之家，不务修缮，虽有盛名，亦将隳败。善恶的区别，在于行为的本身，不在于地位的有无。（《终成眷属》）

身有广厦，身有良田，身有万贯，却未必是心有福田。明袁了凡在《了凡四训》中写道：“一切福田，不离方寸。”方寸者，心也。心者，行为之旨归。可见，善恶不在于外，而在于善良的内心。

人生是善与恶的交织

人生就像是一匹用善恶的丝线交错织成的布，我们的善行必须受我们的过失的鞭挞，我们的罪恶却又依赖于我们的善行把它们掩盖。（《终成眷属》）

人虽存善念，却不能尽行善事。有些自身的善，对他人未必不是恶。譬如，卧铺车厢内我们鼾声如雷，使他人无法安睡，他人却无法喊醒我们。这是一种合理的伤害。有时候，我们伤害他人是我们的权利。每个人都有幸福的权利，每个人都有伤害他人的权利。这是善恶不可避免的交织，但是给予他人的幸福多、伤害少，才是真谛。如此想，人与人之间的仇嫌便减轻了许多。

纯洁的心是最好的护胸甲

有什么护胸甲能比纯洁的心更坚硬呢？在斗争中站在正义一方的人有如穿了三重甲胄，没有良心的不义之人纵然身穿重甲也等于光着身子。（《亨利六世》中篇）

卡夫卡在《十一个儿子》中写道：“也许单纯在这个世界上最容易穿过暴风骤雨。”纯洁的心是单纯的源泉。也许，纯洁的心，看似脆弱，却可以不受外界的诱惑，坚守着信念和执着，反而更容易通达生命的本源。心需要的不多，纯洁的自己，足矣！

成长便是超越自我

我们既然是人，便应当像人的行为。（《两个高贵的亲戚》）

每一个小小的折磨都会使他流泪；他的心愿只是：成长为他自己。（《维纳斯与阿多尼斯》）

他只会虔诚规矩，
统治着他自己——那小小的王国。（《挽歌》）

成长若止于自己，便是浪费了生命。（《维纳斯与阿多尼斯》）

一颗种子，萌蘖、发芽、破土而出，长成参天大树，而后伸展枝叶，不仅为树下的花草遮阴，而且为世人提供枕梁椽木。一个人，亦是如此，成为人，成为自己，然后超越自己。

精神和心灵一起成长

像新月一样逐渐饱满的人生，不仅是肌肉和体格的成长，而且随着身体的发展，精神和心灵也同时扩大。（《哈姆雷特》）

他深知何者最好，因而从不为此
自鸣得意，那正是他优秀的品格，
他在心里永远能够作自由的取舍，
凭完美的心灵作真正完美的抉择。
结果是心灵与身体合办了个公寓，
你款待我，我款待你，如鱼在水，
各得其所。（《挽歌》）

美好的灵魂寄寓于美好的身体。性格刚毅，剑眉有英姿气；性格乐观，嘴角时刻上扬。美好的身体滋养美好的灵魂。身体强壮者，常生雄壮志；身体虚弱者，常生颓废心。一个人的成长，是身体携着灵魂的共同上路。

学问是我们随身的财富

学问是我们随身的财产，我们在什么地方，我们的学问也跟着我们在一起。（《爱的徒劳》）

一个人要想携带数量众多的书籍旅行，他只有一个方法，将这些书籍装在自己的头脑中。书籍可以毁坏，而学问和知识却已经内化成身体的一部分，正所谓“腹有诗书气自华”（宋苏轼《和董传留别》）。

知识和天堂

知识有如翅膀，我们可以用它飞上天堂。（《亨利六世》中篇）

天堂是一个人的梦想。那里有花园和溪流，有春雨和阳光，有四季吹过的风和十二月走过的云，有所有我们设想的美好的一切。天堂是美好的，然而天堂的建造却是艰辛的。它需要木匠、规划师、钢筋和水泥。这一切，既需要专门的知识，又需要博采众长。无论如何，学习知识，都是必要的。知识增一分厚重，天堂增一分锦绣。

让思想飞翔

人和鸟都想往高处爬。如果一个人的思想飞得没有鸟儿高，这思想就太卑微了。（《亨利六世》中篇）

我们每个人心中都安居着一只鸟，有的是鸿鹄，有的是燕雀。我们常身囿一处，受制于环境，但心可以杳阔无垠。小小的舞台，要有大大的心。如此，才能在小舞台上舞出大境界，才能舞向更大的舞台。心停止的地方，舞台也就停止。约束你的不是舞台的大小，而是心的大小。我们可以身居常处，心则不可。

脑袋与钱囊

脑袋里因为装满空虚，反而显得沉重；钱囊里没有了货色，又嫌太轻了。（《辛白林》）

有很多人，一生都渴望做一个自由职业者，可以去流浪。只是，很多人不具备流浪的资格，他们无法带上足够的金钱或者足够的智慧。三毛可以在流浪中用智慧书写生活，获得流浪的资本；而富商大贾，也可以用金钱支撑自己流浪的行程。或者智慧，或者金钱，我们必须携带其一上路，才可以支持整个旅程。当然，理想的旅程是脑袋和钱囊联辔而行，只是，我们都很难做到。

读书要得善智慧

俾隆：读书的目的究竟是什么？

国王：知道我们所不知道的事情。

俾隆：好，那么我要发誓苦读，把天地间的奥秘勤搜冥索：当煌煌的禁令阻止我宴乐的时候，我要知道什么地方可以填满我的饥肠；当我们的肉眼望不见一个女人的时候，我要知道什么地方可以遇见天仙般的姑娘；要是我发了一个难以遵守的誓言，我要知道怎样可以一边叛誓，一边把我的信誉保全。要是读书果然有这样的用处，我便发誓苦读，绝无二话。

国王：这些正是学问途中的障碍，引导我们的智慧去追寻无聊的愉快。（《爱的徒劳》）

《论语·阳货》阐述了孔子的读书观："小子何莫学夫诗？诗可以兴，可以观，可以群，可以怨。迩之事父，远之事君，多识于鸟兽草木之名。"读书的首要目的在于"兴观群怨"，在于立身；其次，才是增闻广识。古人云："书犹药也，善读可以医愚。"若不善读，则可以增愚。

一路行走，一路丰盈

是这样的风，它把年轻人散到全世界，离开孤陋寡闻的家里，到远方去寻找运气。（《驯悍记》）

伐伦泰因：年轻人株守家园，见闻总是限于一隅。

潘底诺：年轻时不走走远路，对于他的前途是很有妨碍的。

安东尼奥：他要是不到外面世界去经历和学习，将来很难成为完人。经验要在刻苦中获得，也只有岁月的磨炼能使他成熟。（《维洛那二绅士》）

明董其昌《画禅室随笔》云："读万卷书，行万里路，胸中脱去尘浊，自然丘壑内营，立成鄞鄂。"意思是说，读书和行路，都是增闻广识的好方法。胸中有丘壑，笔下方有丘壑，笔下有丘壑，方为好画。作画如是，人生亦如是。一路行走，一路充盈。

毛虫和蝴蝶

毛虫和蝴蝶是大不相同的，可是蝴蝶就是从毛虫变化而成的。（《科利奥兰纳斯》）

卡夫卡说：“人只有经过自己的微小才能到达高尚。”我们滴下的每一滴汗水，付出的每一份辛劳，都是我们破茧成蝶的养分和动力。我们通过自己的努力成就自己。哪怕微小、脆弱，也不要轻视自己，更不要轻视别人，经过努力，我们终会成功。

微小成就伟大

建立丰功伟业的人，往往借助于最微弱者之手，当士师们有如童骏的时候，上帝的旨意往往借着婴儿的身上显示。洪水可以从涓滴的细流中发生，大海有时却会干涸。最有把握的希望，往往结果终于失望；最少希望的事情，反会出人意外地成功。（《终成眷属》）

涓流成就大海，寸土成就泰山，微小成就伟大。一个微小的创意，一个微小的改变，或者一个微小的梦想，都可能是我们未来成功的第一块基石。起于微小，持之以恒，终至伟大。

困境出奇迹

升平富足的盛世徒然养成一批懦夫，困苦永远是坚强之母。（《辛白林》）

庄严的大海产生蛟龙和鲸鲵，清浅的小河里只有一些供鼎俎的美味的鱼虾。（《辛白林》）

困难创造了计谋，智慧生于惊怕。（《维纳斯与阿多尼斯》）

人，有时候，把自己投入激流中，不但锻炼了游泳的技巧，还锻炼了坚强的魂魄。善于向困难挑战，才能够不断地提升自我。

实践出真知

可是啊，谁又能因为前车之鉴
而摆脱须由自己体验的命运？（《情女怨》）

放弃不占有的东西，克服不存在的阻力；
修起一道兽栏，却无野兽冲突；
戴破烂的镣铐表演忍耐的技艺；
为维护自己的清白而拒绝交际。
置身战场之外，哪儿会有创痛？（《情女怨》）

卡夫卡在日记中写道："人们学习水兵的生活不是通过在水坑里的练习，人们大概即使通过在小水坑里进行过量的练习也不能变成水兵。"人要亲自投身于战场，才能深味战争；人要把自我投入激流，才能学会游泳；人要深入生活的底层，才能体会生命的艰辛。所有我们对世界的感觉，都来源于我们和世界的相处。

未知的恐惧

人们出于一种神秘的本能对即将出现的灾祸都怀有恐惧心理。正如一见到大海波涛汹涌便担心暴风雨即将到来一样。（《理查三世》）

一个人要是确实知道发生了什么变故，那倒还没有什么，只有在提心吊胆，怕有什么变故发生的时候，才是最难受的。因为已成确定的事实，不是毫无挽回的余地，就是可以及早设法，筹谋补救的方策。（《辛白林》）

未知比已知更让人感到恐怖。人们仿佛知道必将受到命运的惩罚，却不知道惩罚会什么时候、以什么样的方式降临在我们或亲人的头上。这是一种绝望的无助。所以，请不要折磨我们脆弱的灵魂；请告诉我们错在何处以及将受到怎样的惩罚。让别人生活于未知的恐怖中，是一种坚硬的心理艺术，却不是人性温婉的向度。

要从事实中看到积极的力量

上天目光所到之处对智者都是快乐的避风港。面对“必须”，要学会这样思考：“必须”是最高的品德，不要说是国王流放了你，而要说是你流放了国王。灾难若发现自己骑在怯懦者身上，它便会压得更加沉重。（《理查二世》）

当我们处于困境时，我们面对“必须”要有积极的心态。生活中的每时每刻都是不可更改的“必须”，要用积极的心态把握每一时刻，从中汲取积极的力量。

殊途同归

我得出这一结论：为了一个一致的目的，许多事情可以采取不同的方式进行，就像许多支箭，从不同方向射出去，飞向一个目标；也像许多条不同的道路，都通向一个城镇；又像许多条淡水河，都汇聚在一片咸海；又像许多条线，都会合在日晷的中心。因此千百件工作要动手做起来，才能达到同一个目的，而且这些事情全都可以顺利进行，不致失败。（《亨利五世》）

通达成功的道路不止一条，我们要从不同的方向迂回曲折地前进。只有所有的赛跑者都到达了终点，比赛才能结束，成功的路上需要共同进退，百废俱兴，百业同举，才能同时到达目的地。

贵在坚持

斧头虽小，只要用它不断地砍，也能把最坚硬的橡树砍倒。（《亨利六世》下篇）

斧头犹如水滴，断木穿石，贵在坚持。坚持，才能从弱到强、从小到大，从跬步而至千里。集腋成裘，唯在持恒。

持恒为至德

新奇的事物要看有无需要，习见既久，即成陈腐。常道一成不变，持恒即为至德。（《量罪记》）

我们生活在一个日新月异的时代。手机、电脑的更新速度，让我们感受到一种跟不上时代的焦虑感。然而，并不是所有东西都在时代的潮流中起伏不定，有些东西，超越时代而更加笃定。比如，内心的信仰、崇高的道德感和伟大的梦想。《周易·恒》云："象曰：雷风恒，君子以立不易方。"恒者，方也，道也。因此，在急遽变化的当下，寻找到自己内心深处坚守的"恒"，才能"各得所恒，修其常道"（王弼《周易注》）。

追求永恒的事物

人们追求转瞬即逝的世俗恩荣，却往往忽略祈恩于上帝。他们把虚幻的希望建立在别人的一颦一笑之上，宛如爬到桅杆顶上的酩酊水手，每点一次头都可能落入死亡的深渊。（《理查三世》）

一个人只有把幸福奠基于自身和内心的信仰，才能不随外物、他人迁转，才能做到“宠辱不惊，闲看庭前花开花落；去留无意，漫随天外云卷云舒”（明洪应明《菜根谭》）。否则，必如《圣经·箴言》所云，“你必像躺在海中，或像卧在桅杆上”，随时有坠入大海的可能。

守住根本

一个人要是看轻了自己的根本，难免做出一些越限逾分的事来。枝叶脱离了树干，跟着也要萎谢，到后来只好让人当作枯柴而付之一炬。（《李尔王》）

树木有根，故能经风雨而不动；磐石有根，故能经流水而不转。根，是内心的基准，是做事的原则。一个人，一定要按照内心的根本行事。我们做事若无原则，就是自己不尊重自己，别人也会把我们看作一个随波逐流的人。

汗水与目的

劳力的汗只是为了它所期望的目的而干涸。来，我们空虚的肚子将会使平淡的食物变得可口，疲倦的旅人能够在坚硬的山石上沉沉鼾睡，终日偃卧的懒汉却嫌绒毛的枕头太硬。（《辛白林》）

只有经过自我拼搏得来的东西，你才知道它的价值。平淡的食物、坚硬的山石，可以缓解我们的饥饿和疲惫，这些看似微不足道的东西，也是我们付出汗水得来的。事物，凡是源于我们手的劳作，我们都应该用心珍惜。

苦尽甘来

要想获取珍宝，总把痛苦先尝。

巨礁、狂风、悍盗和海滩沉船，

商人都怕——在财富运回之前。（《露克丽丝遭强暴记》）

茶叶在热水中翻滚，而后逐渐沉淀，最终祛除涩味，而后留得一缕茶香在；咖啡，抿一口入喉，氤氲回味，最终苦后回甘，留得醇香在。人生经过摔打、磨炼，最终会剥离青涩和杂质，获得生活的理念和人性的纯粹。

功绩是最好的证明

市民乙：我们想拒绝他就可以拒绝他。

市民甲：我们有权力拒绝他，可是我们没有力量运用这一权力。因为要是他把他的伤痕给我们看，把他的功绩告诉我们，我们的舌头就应当替他的伤痕说话，告诉他他的伟大的功绩已经得到我们慷慨的嘉纳。忘恩负义是一种极大的罪恶，忘恩负义的群众是一个可怕的妖魔。我们都是群众中间的一分子，都要变成这妖魔身上的器官肢体了。（《科利奥兰纳斯》）

一个人说得再好，也不如做得好。功绩是无言的最好的证明。

甲虫与猛鹰

硬壳的甲虫比奋翼的猛鹰更为安全。啊！我们现在的生活，不是比小心翼翼地恭候着他人的叱责，受了贿赂而无所事事，穿着不用钱买的绸缎的那种生活更高尚、更富有、更值得自傲吗？那些受人供养，非但不知报答，还要人家向他脱帽致敬的人，他们的生活是不能跟我们相比的。（《辛白林》）

甲虫和飞鹰，一高一低，一个是平凡朴素的生活，一个是惊心动魄的生涯。平凡的日子，有时亦胜于“高处不胜寒”（苏轼《水调歌头·明月几时有》）的壮阔场景。与其在高处颤抖，不若在低处安眠！没有谁比谁更伟大！不管是甲虫还是飞鹰，只要能够依靠自己的劳动，高尚而又有尊严地活着，就是活出了生命的价值。

高低是相对的

温柔美貌的佳人，您的智慧使您把聪明看成了愚蠢。当我们仰望着天上的火眼的时候，无论我们自己的眼睛多么明亮，也会在耀目的金光下失去它本来的光彩。您自己因为有了出众的才华，所以在您看起来，当然聪明也会变成愚蠢，富有也会变成贫乏啦。（《爱的徒劳》）

鲲鹏展翅九万里，抟摇直上；燕雀腾跃数十仞，蓬蒿之间，皆飞之至也。行万里者视行千里者，犹行千里者视行百里者。能力有大有小，眼界有高低，但既不要高看别人，亦不要轻视自己。人贵知足，既要把别人摆在合适的位置上，更要把自己摆在合适的位置上。

生活因人而异

柯林：您喜欢不喜欢这种牧人的生活，试金石先生？

试金石：说老实话，牧人，按着这种生活的本身说起来，倒是一种很好的生活；可是按着这是一种牧人的生活说起来，那就毫不可取了。照它的清静而论，我很喜欢这种生活；可是按它的寂寞而论，实在是一种很坏的生活。看到这种生活是在野外，很使我惬意；可是看到它不是在宫廷里，那简直很无聊。你瞧，这是一种很简朴的生活，因此倒合我的脾胃；可是它未免太寒碜了，因此，我又过不来。（《皆大欢喜》）

一朵玫瑰，有人喜欢它的花，有人喜欢它的刺。喜欢它花的人，赞它的娇艳；喜欢它刺的人，赞它的自我保护。一切，不过是因人而异。

人生有为

先生们，人生苦短，这短促的一生若是碌碌无为地度过，即使把生命附着在时针尖上，一个小时便走到尽头，也嫌太长。（《亨利四世》上篇）

望着神圣的太阳，我就觉得心中有愧，徒然沐浴它的温暖的光辉，却不能轰轰烈烈干一番事业，老是在山野之间做一个碌碌无名之辈。（《辛白林》）

自然万物，有各自的生长方式。内心有松柏之性，可以用力奋争，成为参天大树；内心有蒲苇之柔弱，亦可居于水岸，在落日余晖下掩映波光之色。人生的平凡或壮阔，要和内心相应。与内心相应，即是人生有为。

最好的生命

在无灾无妄心满意足的屋檐下，
他享用闲适的面包，满心喜悦，
欣赏自己的劳动，他自耕自稼，
自给自足，全然不分白天黑夜。

别的人却劳心焦思，争名夺利，
钻研着如何攫取，怎样高升，
只忙得头脑晕眩，汗流不息，
为追求众人喝彩，权势威风。（《挽歌》）

我们不是王公贵族，也不是豪强巨贾，平凡如你我的人，如何获得永恒？我们在历史的星空，可以如流沙般被抹去，但是，在亲人和朋友的生命中，我们却能获得永恒。这就需要我们在平凡的生活中活出平凡的价值。平凡的生活，也是人生轰轰烈烈的事业。认真过好每一分钟，就是最好的生命。

适度是最好的生活方式

可是照我的愚见看来，吃得太饱的人，跟挨着饿不吃东西的人一样，是会害病的，所以行中庸之道才是最大的幸福：富贵催人生白发，布衣蔬食易常年呀！（《威尼斯商人》）

你只知道人生中的两个极端，不曾度过中庸的生活。当你锦衣美服、麝香熏身的时候，他们讥笑你的繁文缛礼；现在你不衫不履，敝首垢面，他们又蔑视你的落拓疏狂。（《雅典的泰门》）

好酒只要不滥喝，也是一个很好的伙伴。每一杯过量的酒都是魔鬼酿成的毒水。（《奥赛罗》）

过犹不及，行中和之道，才能自适其乐。既不放纵，又不过度约束自已，如鱼戏水，才是生命的常态。

贫穷而知足

贫穷而知足，可以赛过富有；有钱的人要是时时刻刻都在担心他有一天会变成穷人，那么即使他有无限的资财，实际上也像冬天一样贫困。（《奥赛罗》）

自愿的贫困胜如不定的浮华，穷奢极欲的人要是心无知足，比最贫困而知足的人更要不幸得多了。（《雅典的泰门》）

贫穷和富有，以内心为基准，知足者富，不知足者贫。家资千万，犹不知足，贪图求取，未必是幸事；衣无忧，食无缺，温饱之家，满足之心，方得人间至福。

伟大的人物更需谨慎

月亮被乌云遮住立即会引人注目，
可星星若愿躲藏尽可随心所欲。
乌鸦尽可在稀泥里洗黑色的羽毛，
可以不叫人看见便带着脏污飞走。
可若雪白的天鹅也居然把他仿效，
他银色的绒毛上就会有脏污保留。
平民是沉沉的黑夜，王侯是朗朗的白昼。
蚊蚋任意飞舞不会有人注意，
鹰隼在天空飞翔就总是众目睽睽。（《露克丽丝遭强暴记》）

越是伟大的人物所做的事无论好坏都越有分量。阳光中飞舞的微小尘埃比它的实际大了许多。（《爱德华三世》）

伟大的人物，犹如光源，它可以照亮更多的人，同时也更容易受到大家的关注。越是伟大的人物，越应该注意自己的言行举止，越应该成为纯粹的光。

控制野心

克伦威尔，我嘱咐你，一定要抛掉野心！天使们就是由于这种罪恶而堕落的。那么，人类本来就是造物主按照他的形象造出来的，怎么能希望靠着野心就会赢得胜利？要把爱你自己放在最后，要善待那些恨你的人，邪恶并不会比诚实获得更多的好处。要在你的右手里永远举起和平的橄榄枝，嫉恨的舌头自会沉默下来。要正直而无畏，要让你一切的行动的目标都是为了国家，为了上帝，为了真理。（《亨利八世》）

一个人要有梦想，这些梦想是神圣的，为了上帝、为了真理，为了国家，为了他人，而后才是为了自己。这样的梦想，是雄心的表现，而不是野心的表现。野心，是一个人为了自我的不正当愿望。控制野心，为一个神圣的梦想而努力，才能赢得真正的胜利。

国王和凡人

国王也不过是一个人，就像我一样。紫罗兰，他闻起来跟我闻起来，香味都一样；天空，他看起来跟我看起来，也是一模一样；他的各种感觉所具有的特点，也都跟平常人一样。把他那些威严的袍服丢在一边，赤裸着身子，他看来也不过是个凡人。虽说他的情感像鹰一样，能比我们飞到更高的境界，但是当它们要扑向什么东西时，仍然要像我们一样降落下来。（《亨利五世》）

我们每个人都脆弱若君王，坚强若农夫。脆弱和坚强、贫穷和富有，都是相对的。国王有歌台和舞榭，农夫有田地和旷野；国王有宫廷沙龙和音乐会，农夫有茶社和自然界的百鸟和鸣。作为凡人，我们和国王拥有的一样多。要用感恩的心，感谢我们所拥有的一切。

不要依附权胄

这就是人生的境遇。今天，他生长出希望的嫩叶，明天开花，浑身上下结满了光辉灿烂的荣誉之果，然而到了第三天，当他这个无忧无虑的好人正信心十足，认为他的生平大业就要成熟的时候，却发生了霜冻……尘世的过眼繁华和虚荣，我憎恨你！我觉得自己的心里受到了新的启发。唉，依赖君主的恩宠而生存的人是多么可怜啊！在我们所渴望得到的君主的含笑垂顾、和颜悦色，与他们所加给我们的毁灭之间，不知存在着多少痛苦和恐惧，那是远远超过战争所能带来、妇女所能感到的。而他一旦垮台，就像撒旦一样，一垮到底，永劫不复。（《亨利八世》）

把自身建筑于自身之上，不要依附外在的东西。支撑我们自己的，与我们行走终生相伴的，都是源自于我们自身的能力和知识，以及对生活的感悟。不要依附权胄，也不要依附任何人，带着自己上路，才是最好的行走方式。

自由的人是有福的

可是最不幸的是那抱着伟大的希望却不能达到心愿的人；那些虽然贫苦，却有充分的自由去实现他们诚实的意志的人们是有福的。（《辛白林》）

一个人的富有，取决于他在多大程度上能按照自己的意志支配自己的时间和空间、身体和财产，选择实现自己愿望的途径和方式。一个人在身体上可以被戴上镣铐，但是，精神上决不能。不能按照自己的意志生活，不能追求心之所想，是一种莫大的悲哀！

自身是幸福的源泉

你的生命是可贵的，因为在你身上具备一切生命中值得赞美的事物，青春、美貌、智慧、勇气、贤德，这些都足以使人生幸福。（《终成眷属》）

纯净的自然拥有什么？你不会感受到城市的喧嚣、重金属的撞击声、车子的轰鸣，或者所有现代化社会的一切。然而，自然是最富有的。它拥有日月星辰、山谷密林、草木山河、原野和矿藏。它拥有它自身拥有的东西。一个人，可以不富裕，可以没有很高的权势，但是，拥有了青春、美貌、智慧、勇气、贤德和所有内在生命值得赞美的事物，就是最幸福的人。自身之内的东西是自身幸福的源泉。

人要学会独立

他是一个没有独立精神的家伙，只知道掇拾他人的牙慧，人家习久生厌的事情，在他却还是十分新奇。（《裘利斯·恺撒》）

不论狮子还是羚羊，当它们年幼的时候，可以在母亲的照顾下缓慢成长，享受温暖的时光。然而，当下一个雨季来临，当下一代生命降生，如果它们还没有学会独立照顾自己，那么生命之光将在新的雨季、新的初生中熄灭。它们最终要找到适合自己的一条路径，而生命也必经自我的呕心沥血才能得到真正的成长。

自己拯救自己

一只猎鹰正在飞翔，你却去耀花它的眼，它便会从此永远野性难驯。若是爱德华由我们的手救了出来，以后遇上危险他就永远会等待救援。但他若是靠自己拯救了自己，他就会愉快地战胜死亡和恐惧，以后遇到它们就能当娃娃或败军之将看待，再也不会害怕了。（《爱德华三世》）

父母教我们学步，老师教我们知识，社会教我们人生，但每一次迈出脚步，每一次面对困境，每一次面对困惑，最终还是要由我们自己承担。我们是我们人生的忠实执行者，我们自己拯救自己，自己成就自己。

自己伤害自己

自己加于自己的伤害是最不容易治疗的。（《特洛伊罗斯与克瑞西达》）

他人给予的伤害可以轻轻拂去，自我给予的伤痕铭刻于心。一个喜欢伤害自我的人，无药可救。

自我营造的阴影

一个人关起了门躲在房间里，把大好的阳光锁在外面，为他自己营造了一个人工的黑夜。（《罗密欧与朱丽叶》）

在阳光下，有多少阴影，是我们故意躲在一个角落而自我营造的！每个人的心，都是小小的城。城内遍植鲜花，还是遍植荆棘，都由自己决定。鲜花招徕的是朋友，荆棘不但阻挡了别人，还阻挡了自己。

察人先观己

自己骗人说人骗，正像孔雀说人家骄傲。（《错误的喜剧》）

乌鸦也会骂别人太黑。（《特洛伊罗斯与克瑞西达》）

我们在指责别人的时候，并没有发现，我们比别人更应该受到指责。我们拿着镜子去审视别人，却往往不屑于反观自我。“你看见你兄弟眼中的木屑，而你眼中的大梁倒不理会呢？你怎能对你的兄弟说：兄弟让我取出你眼中的木屑罢！而你竟看不见自己眼中的大梁呢？假善人啊！先取出你眼中的大梁，然后才看得清楚，以便取出你兄弟眼中的木屑。”（《圣经·路加福音》）审察别人前先反观自我，才能纠正自我的偏颇，才有资格去评价别人。

通过他人观照自我

> 因为眼睛不能瞧见它自己，必须借着反射，借着外物的力量。（《裘利斯·恺撒》）

他人常常是一面供自我反思的镜子。我们自己很难真切地观照自己，而一面真正的镜子，却能照出我们的喜怒哀乐。当我们哭泣的时候，镜子不会笑；当我们做错事的时候，镜子也不会掩饰我们的缺点。镜子，让我们看到真实的自己。

牺牲自己或者牺牲别人

人们的追求不过是生活的满足，
荣誉、财富，还有暮年的宁静，
在追求中又遭到种种折磨，
只好牺牲他人，或为他人牺牲，
有如在激战中为荣誉舍弃生命。（《露克丽丝遭强暴记》）

在人生的舞台上，别人伤害我们，或者我们伤害别人，似乎是不可避免的。苏联作家肖洛霍夫在《静静的顿河》中写道："在动乱、荒淫无耻的年代里，兄弟们，请不要深责自己的亲弟兄。"在战争中，朋友举枪向我们射击，也许只是一种战争的必需。战争结束后，我们需要的是"度尽劫波兄弟在，相逢一笑泯恩仇"（鲁迅《题三义塔》）。在人生的舞台上，需要合理的伤害和适当的放过。放过伤害，也是一种智慧。

不要轻易伤害别人

清泉给了你饮水，别用烂泥污染，

无法修补的物品，不要轻易破坏。（《露克丽丝遭强暴记》）

失去的东西永远也难找回，

暗淡的光泽再擦也难重亮，

死去的花儿躺在地上枯萎，

破碎的玻璃没有胶能粘上。

只需有一次玷污，那美便永远消失，

治疗、粉饰、痛苦和金钱都无济于事。（《激情漂泊者》）

唐朝诗人白居易在《简简吟》中写道："大都好物不坚牢，彩云易散琉璃脆。"对于无法修补的东西，比如朋友的信任、家人的亲情，我们不要轻易地去伤害它们。琉璃碎了，即使粘起来，也无法避免这样的事实：每个碎片无论如何亲密，都不再是一个不可分割的整体。信任如是，亲情亦如是。

害人者必害己

当初我们开始推动这块危险的大石头滚动的时候，我就告诉过你们，它会反过来砸到我们自己身上的。（《亨利八世》）

中国有句古语叫“搬起石头砸自己的脚”，意思是说，一个人想要谋害别人，结果却伤害了自己。在我们与世界的相处中，我们要从善出发，而不是从恶出发。初心即始终，以善看世界、以善行事，世界就是善的，我们最终收获的也是善。

伟大的本质

让这话成为你的座右铭吧：伟大便是
在艰险莫测的生命之丝既已纺成了
巨大的纱团之际，辉煌地把它解开。（《托马斯·莫尔爵士》）

伟大的本质在于，面对繁复的生活，不紧不慢，出入琐细和平凡、高峰和深谷，用灵敏的心和精细的手，战胜生命中的苦难，迎接生命中的欢欣。这犹如神用无所不能的伟力解开生命的谜团。